Das 1×1 des Wissenschaftlichen Arbeitens

Tobias Kollmann • Andreas Kuckertz
Christoph Stöckmann

Das 1 × 1 des Wissenschaftlichen Arbeitens

Von der Idee bis zur Abgabe

2., überarbeitete Auflage

Tobias Kollmann
Universität Duisburg-Essen
Essen
Deutschland

Christoph Stöckmann
Universität Duisburg-Essen
Essen
Deutschland

Andreas Kuckertz
Universität Hohenheim
Stuttgart
Deutschland

ISBN 978-3-658-10706-2   ISBN 978-3-658-10707-9 (eBook)
DOI 10.1007/978-3-658-10707-9

Die Deutsche Nationalbibliothek verzeichnet diese Publikation in der Deutschen Nationalbibliografie; detaillierte bibliografische Daten sind im Internet über http://dnb.d-nb.de abrufbar.

Springer Gabler
© Springer Fachmedien Wiesbaden 2012, 2016
Das Werk einschließlich aller seiner Teile ist urheberrechtlich geschützt. Jede Verwertung, die nicht ausdrücklich vom Urheberrechtsgesetz zugelassen ist, bedarf der vorherigen Zustimmung des Verlags. Das gilt insbesondere für Vervielfältigungen, Bearbeitungen, Übersetzungen, Mikroverfilmungen und die Einspeicherung und Verarbeitung in elektronischen Systemen.
Die Wiedergabe von Gebrauchsnamen, Handelsnamen, Warenbezeichnungen usw. in diesem Werk berechtigt auch ohne besondere Kennzeichnung nicht zu der Annahme, dass solche Namen im Sinne der Warenzeichen- und Markenschutz-Gesetzgebung als frei zu betrachten wären und daher von jedermann benutzt werden dürften.
Der Verlag, die Autoren und die Herausgeber gehen davon aus, dass die Angaben und Informationen in diesem Werk zum Zeitpunkt der Veröffentlichung vollständig und korrekt sind. Weder der Verlag noch die Autoren oder die Herausgeber übernehmen, ausdrücklich oder implizit, Gewähr für den Inhalt des Werkes, etwaige Fehler oder Äußerungen.

Gedruckt auf säurefreiem und chlorfrei gebleichtem Papier

Springer Fachmedien Wiesbaden GmbH ist Teil der Fachverlagsgruppe Springer Science+Business Media
(www.springer.com)

Vorwort zur zweiten Auflage

Wer sich an einer Hochschule oder Universität mit der Aufgabe konfrontiert sieht, eine wissenschaftliche Arbeit zu schreiben, dem stellt sich vor allen Dingen beim ersten Mal eine weitere Aufgabe. Nicht nur gilt es, das ausgegebene Thema, sei es eine Seminararbeit, sei es eine Bachelor- oder Masterthesis, zu recherchieren und sauber darzustellen – genauso gilt es, zielführendes wissenschaftliches Arbeiten zu erlernen.

Um Studierenden diese Aufgabe zu erleichtern, haben wir im Jahr 2012 erstmals „Das 1×1 des Wissenschaftlichen Arbeitens" veröffentlicht, das nun in der zweiten Auflage vorliegt. Das Buch verwendet weiterhin seine bewährte Struktur, die Leser in acht Schritten mit unmittelbar einsetzbaren Übungen vertraut macht, die direkt auf das eigentliche Thema der zu erbringenden wissenschaftlichen Arbeit angewendet werden können. So wird keine Zeit auf Übungen „für die Schreibtischschublade" verschwendet, sondern ohne Umwege am hauptsächlichen Ziel, nämlich der Erbringung einer Qualifikationsleistung, gearbeitet.

Wir haben die Neuauflage dazu genutzt, das Werk einmal vollständig durchzusehen und um weitere Übungen in allen Schritten des Prozesses des wissenschaftlichen Arbeitens zu ergänzen. Wir haben dies jedoch immer mit dem Ziel vor Augen getan, kein umfassendes und alles erschöpfendes Kompendium zu schaffen, sondern weiterhin ein kurzes, prägnantes und zielführendes „1×1" vorzulegen. Damit bleibt auch die zweite Auflage der Ursprungskonzeption treu, die Essenz des wissenschaftlichen Arbeitens zu vermitteln.

Im Laufe einer beruflichen Karriere verändern sich Interessen und Schwerpunkte zwangsläufig. Stefanie Voege, die noch die erste Auflage inhaltlich mit verantwortete, hat das Autorenteam verlassen. Umso mehr freuen sich die beiden ersten Autoren, Dr. Christoph Stöckmann für diese Neuauflage als Mitautoren gewonnen zu haben.

Auch ein Autorenteam kann in der Regel nicht ohne weitere Unterstützung erfolgreich arbeiten. Wir haben umfangreiche Unterstützung bei der Erstellung dieser Neuauflage erfahren, wofür wir zu danken haben. Auf Hohenheimer Seite sind hier zu nennen Herr Christoph Mandl, M.Sc., und Frau Alexandra Pertschy, B.Sc. Beide haben uns mit ihren umfangreichen Vorrecherchen entscheidend unterstützt. Auf Essener Seite danken wir Herrn Fabian Ritterbach und Herrn Mario Samaras für ihre unterstützenden Recherchetätigkeiten und Herrn Sven Ueberdick für die Satzvorbereitung des Manuskriptes.

Essen und Hohenheim, im März 2016   Tobias Kollmann
                                                                     Andreas Kuckertz
                                                                  Christoph Stöckmann

Vorwort zur ersten Auflage

In diesem Buch versammeln wir ausgewählte Übungen zum wissenschaftlichen Arbeiten. Angesichts der Vielzahl vorhandener Literatur zum wissenschaftlichen Arbeiten stellt sich die berechtigte Frage, wozu ein weiterer Titel zum Thema denn notwendig sein sollte. Die Antwort ergibt sich aus der besonderen Konzeption dieses Buches. Basierend auf unserer langjährigen Erfahrung in der Betreuung von wissenschaftlichen Arbeiten und Qualifikationsschriften haben wir uns dazu entschieden, einen extrem pragmatischen Ansatz zu verfolgen und elaborierte wissenschaftstheoretische Konzeptionen außen vor zu lassen.

Wir verzichten auch auf die Vorstellung unterschiedlicher Zitationsregeln, so wichtig diese auch sein mögen, und konzentrieren uns auf einen idealtypischen, achtschrittigen Prozess des wissenschaftlichen Arbeitens, für den wir anstelle theoretischer Ausführungen jeweils ein Bündel direkt umsetzbarer Übungen vorstellen. Diese Übungen beruhen einerseits auf unseren Erfahrungen in der Betreuung wissenschaftlicher Arbeiten und andererseits auf einer umfassenden Recherche innerhalb der Literatur zum wissenschaftlichen Arbeiten. Im Ergebnis findet sich hier in kondensierter Form die Essenz des wissenschaftlichen Arbeitens wieder – Studierende kommen darüber schnellstmöglich dazu, eine akzeptable Eigenleistung vorlegen zu können.

Die Reform der Studiengänge im Zuge des Bologna-Prozesses der letzten Jahre hat in Deutschland dazu geführt, dass insbesondere in den Massenstudiengängen, wie beispielsweise der Betriebswirtschaftslehre, die Ansprüche zweifelsfrei gewachsen sind. Je nach Studiengang bestehen immer weniger Möglichkeiten, sich im wissenschaftlichen Arbeiten zu üben und wenn der Klausurenteil des Studiums bestanden ist, so muss das wissenschaftliche Arbeiten im Prinzip umstandslos und sofort funktionieren. Vielfach besteht nur ein einziges Mal die Gelegenheit, sich beispielsweise im Zuge einer Seminararbeit zu erproben, bevor man gefordert ist, eine umfangreichere Abschlussarbeit so gut wie möglich zu bestehen.

Dies ist bedauerlich, aber für den Moment wohl nicht zu ändern. Umso wichtiger ist es, wenn man mit der Erstellung einer wissenschaftlichen Arbeit herausgefordert worden ist, sich nicht nur mit dem darin zu untersuchenden Phänomen auseinanderzusetzen, sondern sich auch mit den Techniken und Instrumenten des wissenschaftlichen Arbeitens vertraut zu machen. Um diese zweifache Herausforderung zu bestehen, stellen wir in diesem Buch etliche bewährte und direkt umsetzbare Übungen vor, die – wenn sie richtig eingesetzt werden – schnell zum Ziel führen.

Vor diesem Hintergrund bietet das Buch zwei grundsätzliche Einsatzmöglichkeiten. Hochschulen haben die oben geschilderte Problematik vielerorts erkannt und integrieren nun vermehrt Kurse und Einführungen in das wissenschaftliche Arbeiten und Schreiben in ihre Curricula. Dozenten, die solche Kurse betreuen, finden mit der vorliegenden Sammlung ein umfangreiches Kompendium vor, das der Kursgestaltung dienen kann und die Konzeption von einmaligen Veranstaltungen bis hin zu semesterbegleitenden Kursen erleichtert. Auf der anderen Seite finden Studierende ein Werk, das sich begleitend zum Schreiben einer wissenschaftlichen Arbeit einsetzen lässt und für die Mehrheit der im Zuge einer solchen Arbeit auftretenden Probleme eine strukturierte Übung anbietet, die direkt auf die eigene Situation und das eigene Thema anwendbar ist.

Das Buch ist in acht Teile gegliedert, welche einem idealtypischen Prozess der Erstellung einer wissenschaftlichen Arbeit entsprechen. Wir sparen dabei bewusst Techniken und Übungen zur Präsentation von wissenschaftlichen Arbeiten aus, da der aus unserer Sicht vielversprechendste Weg zum Erwerb von rhetorischen Kompetenzen nicht im Selbststudium eines Buches besteht, sondern nur in der direkten Übung, beispielsweise in einem Präsentationsseminar.

Kapitel 1 beginnt mit der Planung einer wissenschaftlichen Arbeit und stellt einige ausgewählte Instrumente zum effizienten und effektiven Projektmanagement vor. Darauf aufbauend wird die Problematik der Themenfindung und -eingrenzung in Kap. 2 behandelt – zusammen mit einigen Übungen zur Setzung von erreichbaren Zielen. Ist ein Thema gefunden, so gilt es den Status quo des Wissens dazu aufzuarbeiten. Kapitel 3 stellt daher Möglichkeiten vor, Literatur zielführend zu recherchieren und geeignete Quellen aus der Flut der Informationen herauszufiltern und adäquat zu bewerten.

Sind diese Quellen identifiziert, kann mit dem Lesen begonnen werden. Dies ist der Schwerpunkt von Kap. 4, in welchem wir zeigen, welche Möglichkeiten bestehen, Literatur schnell zu sichten, wie man strategisch an den Leseprozess herangehen kann und welche Optionen existieren, das Verständnis von gelesenen Texten zu erhöhen. Während die ersten vier Kapitel damit eher der Aufarbeitung des Status quo des Wissens zu einem bestimmten Thema dienen, widmet sich die zweite Hälfte des Buches den Möglichkeiten der Entwicklung einer wirklichen Eigenleistung und ihrer adäquaten schriftlichen Präsentation. Kapitel 5 verdeutlicht, dass auch das Strukturieren eines Themenfeldes bereits als wissenschaftliche Leistung eingeschätzt werden kann und macht den Leser mit etlichen Übungen vertraut, die dazu dienen, eine übergeordnete Gesamtstruktur für die eigene wissenschaftliche Arbeit zu entwickeln, wie auch mit Techniken zur Strukturierung von einzelnen Kapiteln und Abschnitten.

Aufbauend auf diesen Strukturierungstechniken wird dann in Kap. 6 gezeigt, wie eine erste Rohfassung der wissenschaftlichen Arbeit geschaffen werden kann und wie schriftliche Argumente korrekt aufgebaut werden können. Kapitel 7 macht den Leser mit der Bedeutung des korrekten Zitierens von Quellen vertraut – dabei stellen wir weniger auf einzelne ausgewählte Zitationsrichtlinien ab, die ja von Hochschule zu Hochschule ohnehin unterschiedlich gehandhabt werden, sondern zeigen vielmehr, wie grundsätzlich korrekt paraphrasiert und direkt zitiert werden kann.

Abgeschlossen werden die Übungen mit Kap. 8, welches Instrumente und Übungen vorstellt, um die Rohfassung der wissenschaftlichen Arbeit sowohl aus inhaltlicher als auch aus stilistischer Sicht abzurunden. Weiterhin findet sich am Ende des Buches eine Übersicht über eine Vielzahl von Internetressourcen zum wissenschaftlichen Arbeiten, welche bei Bedarf konsultiert werden können.

Ein Buch ist nur selten das alleinige Werk der beteiligten Autoren. Auch in diesem Falle haben etliche Personen zum Gelingen dieses Projektes beigetragen. Auf Seite der Universität Duisburg-Essen sind hier insbesondere zu nennen Frau Stefanie Gerhardy für den ursprünglichen Impuls, ein solches Projekt anzugehen, Herr Philipp Wernze für unterstützende Recherchetätigkeiten und Herr Alexander Michaelis, mit dessen Hilfe die Rohform des Manuskripts auch optisch ansprechend gestaltet wurde. An der Technischen Universität Dortmund hat sich Herr Kevin Stobbe um Satz und Korrektur des Manuskriptes verdient gemacht. Hinsichtlich des Gabler Verlages stehen wir in der Schuld von Frau Barbara Roscher und Frau Jutta Hinrichsen, die nicht nur von Anfang an genauso wie wir von diesem Projekt überzeugt und begeistert waren, sondern sich auch durch eine fast übermenschliche Geduld in der Betreuung vielbeschäftigter Autoren auszeichnen. Ihnen allen sei gedankt.

Essen, im November 2011

Tobias Kollmann
Andreas Kuckertz
Stefanie Voege

Inhaltsverzeichnis

1 Die wissenschaftliche Arbeit planen 1
   1.1 Warum Zeit- und Projektplanung? 1
   1.2 Übungen zur Zeit- und Projektplanung 2

2 Ein Thema finden, eingrenzen und Ziele setzen 7
   2.1 Die Bedeutung des richtigen Themas 7
   2.2 Übungen zur Themenfindung 8
   2.3 Übungen zur Themeneingrenzung 18
   2.4 Übungen zur Zielsetzung 23

3 Literatur recherchieren und einschätzen 27
   3.1 Strategien zur Identifikation und Bewertung relevanter Literatur 27
   3.2 Übungen zur Literaturrecherche 31
   3.3 Übungen zur Literaturbewertung 35

4 Wissenschaftliche Literatur lesen 41
   4.1 Was wissenschaftliches Lesen von belletristischem Lesen unterscheidet 41
   4.2 Übungen zur Erhöhung der Lesegeschwindigkeit 42
   4.3 Übungen zu Lesestrategien 44
   4.4 Übungen zur Erhöhung des Textverständnisses 51

5 Das Thema strukturieren 57
   5.1 Strukturieren als eigener wissenschaftlicher Beitrag 57
   5.2 Übungen zum Gliedern von Themen 58
   5.3 Übungen zum Aufbau von Kapiteln und Abschnitten 63

6 Ergebnisse schriftlich niederlegen 67
   6.1 Zielgruppengerechtes Schreiben 67
   6.2 Übungen zur Vorbereitung der Rohfassung und zum freien Schreiben ... 68
   6.3 Übungen zum Argumentieren 74

7	**Quellen offenlegen**	81
	7.1 Von der Bedeutung korrekten Zitierens	81
	7.2 Übungen zum Paraphrasieren und korrekten Zitieren	83
8	**Texte überarbeiten und redigieren**	87
	8.1 Warum die erste Textfassung nicht die letzte sein kann	87
	8.2 Übungen zur Reflexion des Inhalts	88
	8.3 Übungen zur Reflexion des Stils	91

Nützliche Internetressourcen zum wissenschaftlichen Arbeiten 93

Literatur 97

Sachverzeichnis 99

Über die Autoren

Univ.-Prof. Dr. Tobias Kollmann ist seit 2005 Inhaber des Lehrstuhls für E-Business und E-Entrepreneurship an der Universität Duisburg-Essen. Zuvor hatte er von 2001 bis 2005 eine C4-Professur für E-Business an der Christian-Albrechts-Universität zu Kiel inne. Innerhalb der Forschung konzentriert er sich insbesondere auf das Thema „E-Entrepreneurship" und damit auf alle Fragen rund um die Unternehmensgründung und -entwicklung in der Net Economy. Für sein besonderes Lehr- und Förderkonzept in diesem Bereich erhielt er beim UNESCO Entrepreneurship Award „Entrepreneurial Thinking and Acting" einen Sonderpreis. Er ist Autor zahlreicher Fach- und Praxisbeiträge zu den Bereichen „Entrepreneurship", „E-Business" und „Akzeptanz/Marketing bei neuen Medien" in nationalen und internationalen Zeitschriften bzw. Sammelbänden. Als Business Angel finanzierte er über die letzten 15 Jahre zahlreiche Start-ups in der Net Economy, wofür er 2012 vom Business Angels Netzwerk Deutschland e. V. zum „Business Angel des Jahres" gewählt wurde. 2013 wurde er als Kernmitglied in den Beirat „Junge Digitale Wirtschaft" des BMWi berufen und auch zu dessen Vorsitzenden gewählt. Seit 2014 ist er zudem der Beauftragte für Digitale Wirtschaft des Landes Nordrhein-Westfalen.

Univ.-Prof. Dr. Andreas Kuckertz leitet das Fachgebiet Unternehmensgründungen und Unternehmertum (Entrepreneurship) an der Universität Hohenheim und ist stellvertretender geschäftsführender Direktor des Instituts für Marketing & Management. Internationale Forschungsaufenthalte führten ihn u. a. an die Queensland University of Technology, die Turku School of Economics und die Cass Business School. Im European Council for Small Business and Entrepreneurship (ECSB) engagierte er sich von 2009 bis 2015 als Country Vice President Germany.Er ist Mitglied des Präsidiums des Förderkreis Gründungsforschung e. V. (FGF), für den er u. a. die bei Springer erscheinenden FGF Studies in Small Business and Entrepreneurship mit herausgibt. Seine Forschungsarbeiten zu den verschiedensten Aspekten von Entrepreneurship, Strategie und Innovation sind in Zeitschriften wie dem Journal of Business Venturing, dem Journal of Business Research, der Zeitschrift für Betriebswirtschaft, Entrepreneurship & Regional Development, dem Strategic Entrepreneurship Journal oder auch Schmalenbachs Zeitschrift für betriebswirtschaftliche Forschung erschienen. Neben seinen Aktivitäten in Forschung und Lehre ist er aktiv als Redner, Berater und Coach rund um das vielfältige Thema Unternehmertum.

Dr. Christoph Stöckmann ist akademischer Rat a. Z. und Habilitand am Lehrstuhl für E-Business und E-Entrepreneurship an der Fakultät für Wirtschaftswissenschaften der Universität Duisburg-Essen. Nach einem Studium der Wirtschaftsinformatik wurde er 2009 an der Universität Duisburg-Essen mit einer Arbeit über entrepreneuriales Management in Unternehmen der IKT-Branche summa cum laude promoviert. Seine Forschung konzentriert sich auf die Felder Management von Innovationen, (Corporate) Entrepreneurship und Digitale Wirtschaft und wurde in führenden wissenschaftlichen und praxisrelevanten Zeitschriften publiziert. Seine Lehre zielt darauf ab, Studierende zu unternehmerischem Denken und Handeln in einer dynamischen und internationalen Umwelt zu befähigen. Er unterstützt Studierende bei ihren ersten unternehmerischen Schritten und berät Unternehmen in den Bereichen Innovationsmanagement, Digitale Wirtschaft und Wachstumsmanagement.

Die wissenschaftliche Arbeit planen

1.1 Warum Zeit- und Projektplanung?

Eine wissenschaftliche Arbeit, ganz gleich ob Seminar-, Haus- oder Abschlussarbeit, kann und sollte als ein Projekt begriffen werden. Projekte jeglicher Couleur zeichnen sich dadurch aus, dass sie zum einen einmalig anstehen und zum anderen mit einem klar definierten Endziel verbunden sind. Auch wenn im Studium selbstverständlich immer wieder Projektberichte und Seminararbeiten anstehen, so ist jede dieser wissenschaftlichen Arbeiten durch die Einmaligkeit des Themas und der Fragestellung charakterisiert – gleichzeitig sind Fristen einzuhalten, die beispielsweise von Prüfungsordnungen definiert werden oder ganz allgemein durch den Willen bzw. die Notwendigkeit, das Studium abzuschließen.

Ein solches Projekt möglichst effizient und rational anzugehen, ist folglich sinnvoll. Dafür muss nicht zwangsläufig auf das komplette Instrumentarium des Projektmanagements zurückgegriffen werden. Zuviel Planung kann sicherlich von der eigentlichen, inhaltlichen Arbeit ablenken; ein Mindestmaß an Planung ist jedoch mit Sicherheit erfolgsrelevant. Dies kann beispielsweise über einen Zeit- oder Projektplan gelingen, der hilft, die Arbeitsweise zu strukturieren, einen guten Überblick zu behalten und alle erforderlichen Arbeitsschritte in der vorgesehenen Zeit abzuarbeiten. Da die Bearbeitungszeit für eine wissenschaftliche Arbeit in der Regel begrenzt ist, muss im Rahmen der Arbeitsvorbereitung realistisch eingeschätzt werden, wie viel Zeit für die Bearbeitung der einzelnen Schritte und damit des Themas benötigt wird und wie sich diese gegenseitig beeinflussen.

Wichtiger als die detaillierte Zeitplanung ist dabei die korrekte Abschätzung der notwendigen Arbeitsschritte, um die wissenschaftliche Arbeit erfolgreich abschließen zu können. Das Hofstadtersche Gesetz verdeutlicht pointiert die Problematik der Zeitplanung (Hofstadter 2003, S. 64): „Es braucht immer länger, als man erwartet, sogar wenn man das Hofstadtersche Gesetz berücksichtigt." In anderen Worten: Sichere Zeitplanung ist hochkomplex und benötigt viel Erfahrung, woran es in der Regel bei der Erstellung einer wissenschaftlichen Qualifikationsarbeit naturgemäß mangelt. Man kann sich hier verbessern, indem man seine Planung regelmäßig hinterfragt und beispielsweise geplante Bearbeitungszeiten mit tatsächlichen Bearbeitungszeiten vergleicht (Stickel-Wolf und Wolf 2013, S. 131) oder auch ein Arbeitstagebuch führt (Karmasin und Ribing 2014, S. 34 f.).

Größere praktische Bedeutung kommt allerdings der Identifikation der notwendigen Arbeitsschritte und ihrer jeweiligen Interdependenzen zu. So zeigt die Erfahrung, dass oftmals nicht bedacht wird, dass zentrale Literatur zum Thema nicht in lokalen Bibliotheken vorhanden ist und erst relativ zeitaufwendig per Fernleihe bestellt werden muss – genauso wie leicht vergessen werden kann, dass eine Arbeit nicht dann abgeschlossen ist, wenn sie einmal geschrieben wurde, sondern dass diese darüber hinaus auch redigiert, korrekturgelesen und gelayoutet werden muss. Die Übungen in diesem Kapitel sollen dazu helfen, sich die notwendigen Schritte bewusst zu machen und einmal versuchsweise durchzuplanen. Dazu wird einerseits ein Vorschlag zur Erstellung einer Zeitplanung vorgestellt, zweitens wird die Methode der Projektplanung diskutiert.

1.2 Übungen zur Zeit- und Projektplanung

Übung 1: Erstellung eines Zeitplans

Ein Zeitplan kombiniert die notwendigen Arbeitsschritte einer wissenschaftlichen Arbeit mit Schätzungen über die zur Vollendung dieser Schritte notwendige Zeit (vgl. das Beispiel in Tab. 1.1).

Tab. 1.1 Exemplarischer Zeitplan. (Boeglin 2007, S. 75)

Arbeitsschritt \ Woche	1	2	3	4	5	6	7	8	9	10	11	12
Vorbereitung & Gliederung	x					x						
Exposé	x					x						
Besprechung mit dem Betreuer	x					x						
Materialsuche	x	x	x	x	x							
Materialauswertung		x	x	x	x	x						
Lesen, Exzerpieren, Arbeitsjournal			x	x	x	x	x					
Arbeitsauswertung				x	x	x	x	x	x	x		
Erstentwurf							x	x				
Inhaltliche Textüberarbeitung									x	x	x	x
Stilistische Textüberarbeitung											x	x
Technische Korrekturen												x
Textformatierung												x
Technische Aufgaben (Ausdruck, Vervielfältigung, Buchbindung usw.)												x

Für wissenschaftliche Arbeiten bietet sich dabei die grobe Einteilung nach vier zentralen Arbeitsschritten an (Boeglin 2007, S. 73 ff.): Im ersten Schritt ist der ‚Fahrplan' der Arbeit zu erstellen, das heißt, es sollte Klarheit über die grundsätzliche Motivation der Arbeit geschaffen werden, gegebenenfalls ein Exposé verfasst und mit dem Betreuer diskutiert werden und eben ein Arbeitsplan erstellt werden.

Im zweiten Schritt, der ‚Literaturrecherche', muss die zur Bearbeitung des Themas notwendige Literatur gesucht, beschafft, ausgewertet und sortiert werden, woran sich eine Evaluation der einzelnen Literaturquellen anschließt. Für den Fall empirischer Arbeiten ist die Literaturrecherche mit der Entscheidung für ein Forschungsdesign, die Datenerhebung und die Analyse der Daten zu ergänzen (Stickel-Wolf und Wolf 2013, S. 127). Darauf aufbauend kann der dritte Schritt angegangen werden, der darin besteht, eine ‚Rohfassung' der Arbeit zu schreiben.

Ausgehend vom Exposé kann dieses neu geschrieben und ausgebaut werden und die Herausforderung an die Verfasser wissenschaftlicher Arbeiten besteht nun darin, die eigenen Gedanken zu sammeln, zu ordnen und zu gliedern. Dies erlaubt das Schreiben eines ersten Entwurfs, der dann inhaltlich immer wieder zu überarbeiten ist. Die letzte Phase findet sich mit dem ‚Redigieren' der Arbeit. Hier ist der Text der Rohfassung sprachlich-stilistisch zu überarbeiten, Kapitelübergänge müssen geschrieben werden und der Text sollte um eine Einleitung und ein Fazit ergänzt werden. Diese finale Version muss dann letztlich Korrektur gelesen werden, um das Projekt zum Abschluss zu bringen.

> **Umsetzung**
> Teilen Sie Ihr Vorhaben in kleine, überschaubare Aufgaben zur Erstellung eines Zeitplans und orientieren Sie sich dabei an den notwendigen Arbeitsschritten ‚Fahrplan erstellen', ‚Literaturrecherche', ‚Rohfassung schreiben' und ‚Redigieren'.

Übung 2: Erstellung eines Projektplans
Die Projektplanung nach Kropp und Huber (2006, S. 68) geht vom erforderten Abgabetermin der wissenschaftlichen Arbeit aus und verteilt rückwärts eine Analyse- und eine Formulierungsphase auf die zur Verfügung stehende Zeit. Das Ergebnis der Planung lässt sich in einer Art Netzplan mit den einzelnen Etappen bzw. Meilensteinen visualisieren (Abb. 1.1). Dabei besteht die Analysephase aus den drei Schritten

- Sollanalyse,
- Literaturanalyse und
- Gliederungsanalyse.

Es wird also zuerst das Thema erschlossen (Sollanalyse), darauf aufbauend die bestehende Literatur evaluiert (Literaturanalyse) und schließlich vor dem Hintergrund der eigenen Fragestellung neu systematisiert und geordnet (Gliederungsanalyse). Ist dies geschehen,

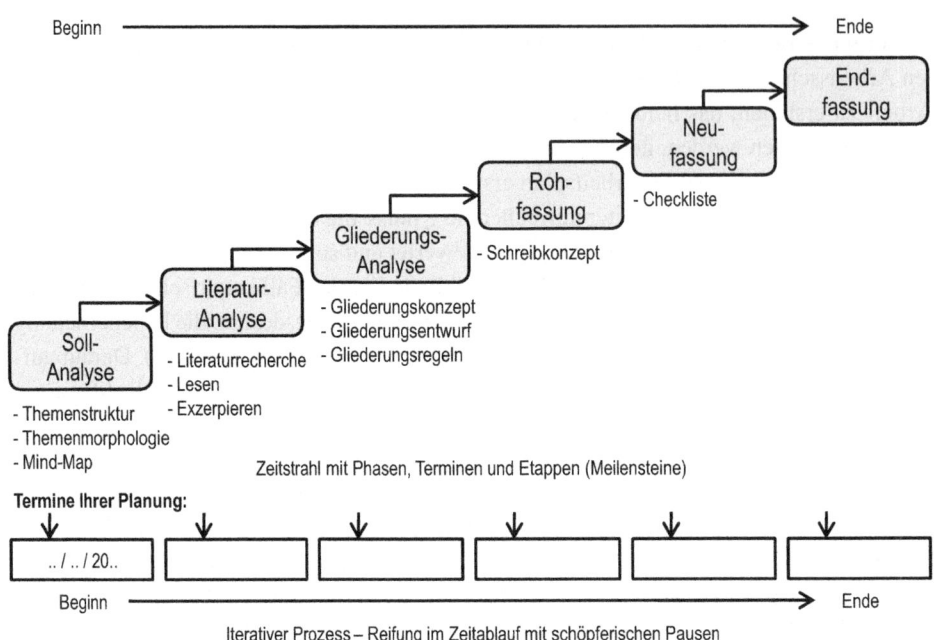

Abb. 1.1 Exemplarische Projektplanung. (In Anlehnung an Kropp und Huber 2006, S. 68)

kann mit der Formulierungsphase fortgefahren werden, die sich zusammensetzt aus den drei Schritten

- Rohfassung,
- Neufassung und
- Endfassung.

Abbildung 1.1 gibt den resultierenden Zeitstrahl in einer allgemeinen Form wieder. Dieser ist vor dem Hintergrund der jeweiligen Situation mit individuellen Zielen für den Abschluss der einzelnen Schritte und Phasen zu versehen.

> **Umsetzung**
> Entwerfen Sie eine individuelle Projektplanung für Ihre wissenschaftliche Arbeit.

Übung 3: ALPEN-Methode

Die ALPEN-Methode ist eine universell einsetzbare Methode, die dem Zeitmanagement entstammt (Stickel-Wolf und Wolf 2013, S. 347 ff. bzw. Corsten und Deppe 2002, S. 6 ff.). Sie kann damit auch auf das effiziente Planen einer wissenschaftlichen Arbeit angewendet werden. Das Akronym ALPEN bezeichnet dabei die notwendigen Schritte zur Umsetzung:

1.2 Übungen zur Zeit- und Projektplanung

- A wie alle Aufgaben. Im ersten Schritt sind alle Aufgaben zu sammeln, die im Zuge des Verfassens einer wissenschaftlichen Arbeit anstehen. Damit die Planung gelingen kann, ist es wichtig, Vollständigkeit dieser Aufgaben anzustreben. Gerade dann, wenn wenig Erfahrung mit dem wissenschaftlichen Arbeiten vorhanden ist, stellt dieser Schritt eine große Herausforderung dar. Es bietet sich folglich an, die Aufgabenliste mit dem Betreuer zu besprechen oder auch den Rat erfahrener Kommilitonen einzuholen.
- L wie Länge der Tätigkeiten. Sind die notwendigen Aufgaben ermittelt, so muss deren jeweilige Bearbeitungszeit abgeschätzt werden. Solche Schätzungen sind selbstredend außerordentlich schwierig. Ein bewährter Weg, hiermit umzugehen, ist es, regelmäßig den Plan mit der Realität zu vergleichen. So wird man sich gerade am Anfang oft verschätzen, kann aber über den ständigen Vergleich schnell besser und präziser werden.
- P wie Pufferzeiten. Eine gängige Empfehlung legt nahe, maximal 60 % der verfügbaren Zeit zu verplanen, um auf diese Weise offene Zeitfenster zu schaffen. Denn zum einen sind nicht alle Tätigkeiten planbar, zum anderen gilt es böse Überraschungen zu vermeiden, wenn beispielsweise in Schritt A wichtige Tätigkeiten übersehen worden sind und die Ausgangsliste ungewollt nicht vollständig war.
- E wie Entscheidung über Prioritäten. In der Vielzahl der anstehenden Aufgaben kann leicht der Überblick verloren werden. Deshalb müssen die in Schritt A ermittelten Aufgaben nach ihrer jeweiligen Bedeutung sortiert werden. Dies kann beispielsweise über eine ABC-Analyse gelingen, d. h. Aufgaben werden kategorisiert in A-Aufgaben (zwingend zu erledigen, mit großer Bedeutung für das Endergebnis), B-Aufgaben (müssen ebenfalls erledigt werden, haben aber nicht die gleiche Bedeutung wie A-Aufgaben für das Endergebnis) und C-Aufgaben (weniger wichtige bis hin zu vernachlässigbaren Aufgaben).
- N wie Nachkontrolle. Eine ständige Nachkontrolle schließt den Kreis und ermöglicht es, die Planung laufend anzupassen und zukünftige Planungen von Anfang an realistischer zu gestalten.

Umsetzung
Erstellen Sie eine möglichst vollständige Aufgabenliste für Ihre wissenschaftliche Arbeit. Schätzen Sie den Zeitaufwand für die Umsetzung ab, priorisieren Sie und beginnen Sie mit der Umsetzung. Vergessen Sie nicht, ausreichend Pufferzeiten einzubauen.

2 Ein Thema finden, eingrenzen und Ziele setzen

2.1 Die Bedeutung des richtigen Themas

Das ‚richtige' Thema für eine wissenschaftliche Arbeit zu wählen, ist die erste wesentliche Entscheidung im Prozess des wissenschaftlichen Arbeitens. Natürlich mag es nicht immer möglich sein, auf die Themenwahl Einfluss zu nehmen – Seminararbeitsthemen werden in der Regel vom Dozenten bestimmt und je nach Studiengang mag dies auch bei Abschlussarbeiten der Fall sein. Wenn jedoch für Studierende die Chance besteht, das Thema mit zu bestimmen, so sollte diese Möglichkeit in jedem Fall genutzt werden.

Gerade dem Thema einer Abschlussarbeit kommt eine wesentliche Signalfunktion zu – was genau in einer Arbeit geleistet wurde, ist ein beliebtes Thema beispielsweise in Vorstellungsgesprächen. So lässt sich über die Themenwahl leicht ein Interesse an bestimmten Branchen und Tätigkeiten herausstreichen. An einer wissenschaftlichen Karriere interessierte Studierende haben hier auch die Gelegenheit, beispielsweise Methodenkompetenz zu signalisieren. Darüber hinaus sollte allein schon aus Gründen der Motivation ein Thema nicht leichtfertig übernommen werden – wenn Abschlussarbeiten über einen relativ langen Zeitraum angefertigt werden, so ist leicht einzusehen, dass der Erfolg auch ein Stück weit vom Interesse für das Thema abhängt. Gleichzeitig muss ausreichend Distanz zum Thema bestehen, um dieses überhaupt noch vorurteilsfrei bearbeiten zu können (Frank et al. 2014, S. 19).

Ein gutes Thema zeichnet sich dabei durch ein gewisses Maß an Originalität aus, die sich exemplarisch an folgenden Punkten ermessen lässt (Voss 2014, S. 77):

- Bislang wurde keine zufriedenstellende Antwort auf die Forschungsfrage der Arbeit geliefert.
- Eine neu eingesetzte Methode liefert neue Antworten zu einer alten Frage.

- Existierende Forschungsergebnisse werden neuartig strukturiert, zusammengefasst und dargestellt.

Um ein Thema zu erarbeiten, bietet es sich an, auf eine Reihe von Kreativitätstechniken zurückzugreifen, die sich insbesondere für das wissenschaftliche Arbeiten eignen. Unabhängig vom konkreten Gegenstand, der mit einer Kreativitätstechnik fassbar gemacht werden soll, und auch unabhängig von der Grundidee der jeweiligen Kreativitätstechnik, ist allen kreativitätsfördernden Instrumenten eines gemein: Die Generierung von Ideen und Themen wird immer streng von der Bewertung der einzelnen Möglichkeiten getrennt. Kritik und Bewertung gehen immer mit der Gefahr einher, Kreativität zu ersticken – wenn einmal eine Idee als absurd oder unmöglich abgetan worden ist, wird es schwer, die kritisierten Ideen wieder aufzugreifen oder weitere Ideen zu produzieren. Dabei kommt aber auch absurden, unmöglichen oder zu schwierigen Themen im Zuge der Ideen- und Themenfindung eine wichtige Funktion zu, denn sie können dazu dienen, die Wahrnehmung weiterer interessanter und vielleicht realistischerer Optionen auszulösen. Genauso gilt es, nicht zu lange auf eine Eingebung zu warten, sondern einfach mit der Suche zu beginnen. Das „Korridorprinzip" (Kuckertz 2015, S. 32) macht dies deutlich. Dem Korridorprinzip zufolge ergeben sich schon aus den anfänglichen Schritten der Suche Möglichkeiten, die zu Beginn nicht absehbar sind. Im Bild des Korridors: Die Türen, die weit entfernt vom Beginn eines Korridors liegen (hier: mögliche Themen) und nicht gesehen werden können (beispielsweise, weil der Korridor um eine Ecke führt), findet eben nur der, der den Korridor entlang geht.

Aus diesem Grund sind die in diesem Kapitel versammelten Übungen getrennt in die drei Bereiche Themenfindung, Themeneingrenzung und Zielsetzung. Das heißt, in einem ersten Schritt sollten möglichst viele, möglichst breite und interessante Themen oder Themengebiete identifiziert werden, die dann im zweiten Schritt bewertet und eingegrenzt werden. Gerade ambitionierte Studierende spannen den Rahmen ihrer Arbeit oftmals zu weit, da sie zu viel auf einmal erreichen wollen. Techniken zur Themeneingrenzung helfen dabei, Aspekte eines Themengebietes zielsicher voneinander abzugrenzen und zugleich versteckte Implikationen des Themas auszuloten. Ist dieses Zwischenziel erreicht, so sollte im dritten Schritt ein eindeutiges und klares Ziel bestimmt werden – die dazu vorgestellten Übungen dienen dazu, zu verdeutlichen, wie man seine Gedanken bündeln kann und wie Wichtiges von Unwichtigem zu trennen ist, um der wissenschaftlichen Arbeit so einen klaren Fokus zu geben.

2.2 Übungen zur Themenfindung

Übung 4: Themenfindung über publizierte Praxisprobleme
Gerade bei praxis- und anwendungsorientierten Studiengängen, wie beispielsweise der Betriebswirtschaftslehre, den Medienwissenschaften oder den Ingenieurwissenschaften, liegt es auf der Hand, sich bei der Themenwahl an Problemen zu orientieren, welche die

2.2 Übungen zur Themenfindung

Praxis aktuell umtreiben. Dies hat gerade für Studierende, die keine akademische Karriere anstreben, den Vorteil, sich frühzeitig positionieren und so leichter den Sprung in die Praxis vollziehen zu können.

Dabei muss das Thema nicht zwangsläufig direkt von einem Unternehmen gestellt werden, wie es oftmals bei ausgeschriebenen Stellen als Werkstudent der Fall ist. Es besteht auch die Möglichkeit, aktuelle Diskussionen von Praktikern in den Medien als Inspiration zu nehmen, um die dort aufgespürten Problematiken selbständig anzugehen.

Einen ersten Eindruck dieser Suchstrategie gibt dieses Beispiel aus den Wirtschaftswissenschaften: Wird die an vielen Hochschulen vorhandene Datenbank *WISO* auf die Schlagwörter ‚Unternehmen' und ‚Herausforderungen' durchsucht, so finden sich schnell aktuelle Artikel in der Wirtschaftspresse, die auf noch zu lösende Probleme hindeuten. Studierende mit einem Interesse an kleinen und mittleren Unternehmen finden möglicherweise Anregungen über praktische Artikel (beispielsweise verfasst von Unternehmensberatern), die Herausforderungen diskutieren, die bei begrenzter Ressourcenausstattung oder vergleichsweise geringer Bekanntheit zu überwinden sind. Wer sich für Marketing interessiert, könnte durch einen Beitrag inspiriert werden, der Thesen über die Zukunft des Marketing aufstellt. Beiträge, die sich mit Chancen und Gefahren der steigenden Nutzung digitaler Medien in der Gesellschaft auseinandersetzen, mögen dazu anregen, sich mit den Konsequenzen für verschiedene Unternehmensfunktionen (beispielsweise Marketing) oder verschiedene Wirtschaftszweige (beispielsweise Verlagswesen) beschäftigen. Studierende mit einem Finanzierungshintergrund könnten ein Thema für ihre Abschlussarbeit entwickeln, indem sie sich mit den aus der Finanzkrise verbundenen Herausforderungen für Unternehmen auseinandersetzen.

Selbstverständlich bietet sich diese Herangehensweise nur in angewandten Fächern an – Studierende in eher theoretischen Grundlagenwissenschaften sollten tendenziell auf Übung 5 setzen.

> **Umsetzung**
> Identifizieren Sie möglichst viele Publikationsorgane, über die sich Praktiker Ihres Feldes austauschen. Das können klassische Branchenzeitschriften sein, aber auch Webseiten und Blogs sind eine Möglichkeit. Was twittern die Meinungsführer Ihres Fachs? Gehen Sie die Veröffentlichungen der letzten beiden Jahre durch und achten Sie dabei auf Schlüsselwörter wie ‚Herausforderung', ‚Probleme', ‚Gefahren' oder ähnliche Begriffe, die eine aktuelle Schwierigkeit andeuten. Sammeln Sie mindestens zehn machbare Themen.

Übung 5: Themenfindung mittels wissenschaftlicher Zeitschriften

Im Gegensatz zur Lösung praxisinduzierter Probleme (vgl. Übung 4) ist es natürlich ebenso möglich, mit einer wissenschaftlichen Arbeit Fragestellungen zu lösen, die primär die akademische Perspektive betreffen. Wenn es gelungen ist, sich für einen sehr groben und breiten Themenbereich zu entscheiden, so kann ein Blick in die aktuelle wissenschaftliche

Diskussion in wissenschaftlichen Zeitschriften helfen, interessante Fragestellungen innerhalb dieses Themenbereichs zu identifizieren.

Dies gelingt, indem man sich bei der Lektüre eines wissenschaftlichen Artikels insbesondere auf den Ausblick konzentriert. Viele dieser Artikel sind so strukturiert, dass sie zuerst das bislang von der Forschung Erreichte referieren, dann auf eine Forschungslücke hinweisen und diese mit einer geeigneten Methodik schließen. Im Ausblick eines solchen Artikels wird das Ergebnis dann noch einmal in den Kontext gestellt und oftmals auch auf Möglichkeiten weiterer Forschungsarbeit verwiesen.

Ein Beispiel aus der betriebswirtschaftlichen Forschung soll diese Möglichkeit unterstreichen. So weisen Kollmann und Kuckertz (2010) in einem ihrer Artikel darauf hin, dass es durch diese Arbeit gelungen sei, den Investitionsprozess von Venture Capital-Investoren erstmals mit deren Entscheidungskriterien zu verknüpfen, stellen aber gleichzeitig heraus, dass eine weitere Verbindung dieser beiden Konzepte mit Strategien zum Abbau von Unsicherheit wünschenswert wäre (Kollmann und Kuckertz 2010, S. 747):

Zukünftige Forschung kann auf der Kombination von Investitionsprozess und Investitionskriterien aufbauen. Die Bestimmung verschiedener Unsicherheitsgrade verschiedener Kriterien mittel Such-, Erfahrungs- und Vertrauenseigenschaften hat sich als besonders nützlich herausgestellt und es existiert ein großes Potenzial für tiefergehende Analysen in dieser Richtung. So scheint es beispielsweise vielversprechend, Unsicherheitsreduktionsstrategien in Bezug zu jedem Kriterium zu setzen (orig.: Future research can build on the combination of investment process and investment criteria. The determination of different degrees of uncertainty of different criteria by means of the SEC qualities turned out to be particularly useful, and a great potential exists for deeper analysis in this direction. For instance, relating strategies to reduce the uncertainty of each criterion would be worthwhile).

In einer anderen Arbeit, die sich mit dem Einfluss verschiedener Dimensionen von Kultur auf die Übernahme von Informationstechnologien in kleinen und mittleren Unternehmen befasst, wird gegen Ende darauf verwiesen, dass ein umfänglicheres Bild der Verhältnisse interessant sein könnte – beispielsweise indem weitere Kulturdimensionen berücksichtigt werden oder Kultur anders als in dieser Studie gemessen wird (Kollmann et al. 2009, S. 129):

Zukünftige Studien könnten diese Dimension [d. h. eine in der aktuellen Studie nicht berücksichtigte Kulturdimension] berücksichtigen, um ein umfänglicheres Bild nationaler Kultur zu zeichnen, sobald die Werte dieser Dimension verfügbar geworden sind. Alternativ könnten Wissenschaftler diese bestimmte Dimension eigenständig messen. Eine weitere interessante Möglichkeit für zukünftige Forschungsbemühungen wäre die Messung aller Kulturdimensionen auf der Firmenebene, was in einem äußerst interessanten Mehrebenenansatz resultieren würde (orig.: Future studies could include this dimension to achieve a more comprehensive picture of national culture once these dimension scores have become available. Alternatively, researchers could aim at measuring this particular dimension in their own right. Another interesting opportunity for future research would be to measure all cultural dimensions on the company level which could result in a very interesting multiple level approach).

Eine Sammlung solcher offener Punkte kann Auslöser einer wissenschaftlichen Arbeit sein – werden genug solcher Fragestellungen identifiziert, so kann auch die Kombination theoretisch ungelöster Fragen zu einem eigenen Thema führen. Eine alternative Möglichkeit besteht in der Lektüre von sogenannten Literaturüberblicken (,Literature Reviews' in der internationalen Literatur), worin in regelmäßigen Abständen der Status quo des Erreichten innerhalb eines Forschungsfeldes zusammengefasst wird und auf Forschungslücken verwiesen wird.

Umsetzung
Definieren Sie ein für Sie persönlich interessantes Themenfeld, identifizieren Sie dazu passende wissenschaftliche Zeitschriften (beispielsweise diejenigen, in denen Ihr möglicher Betreuer publiziert) und gehen Sie deren aktuelle Jahrgänge soweit durch, bis Sie zehn ungelöste Probleme vorweisen können.

Übung 6: Themenfindung mittels Brainstorming
Das Brainstorming ist das klassische Instrument der Ideenfindung. Es zählt zu den intuitiv-kreativen Methoden und findet in vielfältigen Kontexten Anwendung (Kollmann 2014, S. 149). Zentral ist dabei die Trennung von Ideenfindung und Kritik, welche auf einen späteren Zeitpunkt verschoben wird. Spontane Ideenäußerungen werden in möglichst großer Zahl vor dem Hintergrund einer Frage- oder Problemstellung gesammelt – also beispielsweise einer Frage wie ,Welche aktuellen Probleme im Online-Marketing können im Zuge einer wissenschaftlichen Arbeit behandelt werden?'.

Die Menge der entwickelten Optionen führt dazu, dass sich diese gegenseitig befruchten können und dann wiederum neue Ideen auslösen. Daher bietet sich diese Methodik gerade auch für die Gruppenarbeit an – Teilnehmer eines Brainstormings können sich durch ihre Äußerungen gegenseitig anregen und neue Ideenkombinationen auslösen. Im Ergebnis stehen dann mehr Ideen. Dabei gelten für alle Varianten des Brainstormings folgende Regeln (Hungenberg 2001, S. 69):

- Die Anzahl der Ideen ist wichtiger als die Qualität der Ideen.
- Alle möglichen Ideen dürfen eingebracht werden – auch die vordergründig absurden.
- Keine Idee darf kritisiert werden.
- Ideen anderer Teilnehmer aufzunehmen und weiterzuentwickeln ist explizit gewünscht.

Je nach Situation können Brainstormingvarianten alleine oder mit anderen, schriftlich oder mündlich durchgeführt werden. Die nachstehenden Umsetzungsmöglichkeiten (Pyerin 2001, S. 69) verdeutlichen dies.

Umsetzungsvariante 1 (Einzelübung)
Sammeln Sie über fünf bis zehn Minuten schriftlich alle Einfälle, die Ihnen zu einem bestimmten wissenschaftlichen Themengebiet kommen. Achten Sie dabei darauf, sich nicht selbst zu kritisieren oder vorschnell Einfälle als unmöglich und nicht machbar abzutun. Überprüfen Sie am Ende der Zeit (oder wenn Ihre Einfälle versiegen) die Liste auf Überraschungen (hier könnte ein interessantes Thema verborgen liegen) und auf Zusammenhänge (hier könnte sich eine erste Struktur Ihres möglichen Themas andeuten).

Umsetzungsvariante 2 (Gruppenübung)
Sammeln und entwickeln Sie in der Gruppe mittels der Methode 635 (Rohrbach 1969) mögliche Themen. Ziel ist es, dass sechs Teilnehmer jeweils drei Ideen mit fünfmaligem Weiterreichen ihrer Ergebnisse erarbeiten. Im besten Fall entstehen so 108 Ideen. Verwenden Sie dazu ein Arbeitsblatt (Tab. 2.1), welches in drei Spalten und sechs Zeilen (woraus sich 18 Zellen ergeben) aufgeteilt ist. In der ersten Runde entwickelt jeder Teilnehmer analog der Umsetzungsvariante 1 von Übung 6 insgesamt drei Ideen. Ist dies erreicht, werden die Arbeitsblätter im Kreis weitergereicht, jeder Teilnehmer liest die Ideen aus der Vorrunde und lässt sich von diesen inspirieren, um drei weitere Ideen zu entwickeln. Insgesamt werden die Arbeitsblätter fünfmal weitergerecht; sind alle Arbeitsblätter gefüllt, ist das Brainwriting 635 abgeschlossen und die generierten Ideen können auf Attraktivität und Machbarkeit bewertet werden. Die Methode ist selbstverständlich auch mit einer geringeren Anzahl von Teilnehmern (beispielsweise 3 oder 4) durchführbar – mehr als sechs Teilnehmer sind erfahrungsgemäß jedoch nicht praktikabel, sodass sich die Gruppe in diesem Fall eher in kleinere Gruppen aufspalten sollte.

Umsetzungsvariante 3 (Gruppenübung)
Eine weniger formelle Variante des Brainwritings als das Brainwriting 635 (Übung 6, Umsetzungsvariante 2) stellt der Brainwriting-Pool dar. Finden Sie sich mit einer Arbeitsgruppe zusammen, definieren Sie einen Themenbereich und notieren Sie dann unabhängig voneinander eine Reihe von Ideen in Listenform. Wenn sich der Ideenstrom erschöpft hat, werden die Listen in den Pool gelegt, die Teilnehmer entnehmen dann eine andere Liste und ergänzen diese um neue Wörter, Sätze und Ideen. Dies wird solange fortgeführt, bis jeder Teilnehmer alle Listen gesehen und bearbeitet hat. Im Anschluss findet eine Bewertung und Auswahl der Ideen nach Attraktivität und Machbarkeit statt.

2.2 Übungen zur Themenfindung

Tab. 2.1 Exemplarisches Arbeitsblatt für das Brainwriting 635

Teilnehmer	1. Idee	2. Idee	3. Idee
1. Teilnehmer			
2. Teilnehmer			
3. Teilnehmer			
4. Teilnehmer			
5. Teilnehmer			
6. Teilnehmer			

Übung 7: Themenfindung mittels Clustering

Das Clustering (Frank et al. 2013, S. 83 ff.) stellt eine intuitiv-kreative Methodik zur Entwicklung von Ideen und Themen dar. Ausgehend von einem bestimmten Begriff, einem Themengebiet oder einer Problemstellung werden Assoziationen notiert, so wie sie sich spontan einstellen.

Im Ergebnis steht ein Cluster von Begrifflichkeiten, das erste Strukturen und Zusammenhänge aufzeigt. Abbildung 2.1 zeigt ein Beispiel für den groben Themenbereich ‚Unternehmensgründung'. Beim Clustering wird auf der Mitte eines Blattes der zentrale Begriff notiert, zu dem Assoziationen entwickelt werden sollen. Strahlenförmig um diesen Begriff herum werden dann die sich einstellenden Ideen aufgezeichnet, wobei jeder Zweig

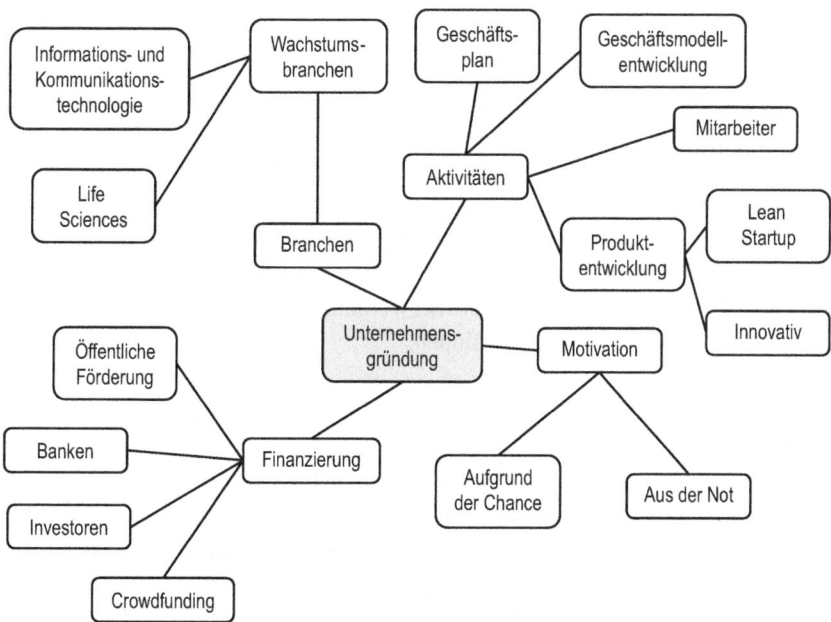

Abb. 2.1 Exemplarisches Clustering zum Thema Unternehmensgründung

einzeln entwickelt werden sollte, bis sich ein erstes, komplexeres Bild zu diesem Unterthema eingestellt hat.

Wird das Cluster im Anschluss ausgewertet, so zeigt sich in der Regel schnell, dass bestimmte Zweige interessanter als andere sind. Dann können uninteressante Zweige zurückgestellt werden und interessante Zweige tiefer mit einem erneuten Folgeclustering entwickelt werden. Zwischendurch bietet es sich an, die geschaffenen Cluster über einen Clustertext zu verbalisieren.

Umsetzung
Starten Sie das Clustering, indem Sie für etwa vier bis fünf Minuten mit einem nichtwissenschaftlichen Ausgangsbegriff arbeiten. Folgen Sie Ihren Assoziationen und vermeiden Sie es, sich selbst zu kritisieren oder zu zensieren. Fassen Sie im Anschluss an das Clustering das Erreichte in einem kurzen Clustertext zusammen.

Versuchen Sie dann, ein Cluster zu dem wissenschaftlichen Themenbereich aufzubauen, der Sie am meisten interessiert. Entscheiden Sie sich in diesem Cluster für den vielversprechendsten Zweig und versuchen Sie die Technik des Folgeclusterings. Schließen Sie die Themenfindung ab, indem Sie einen kurzen Text schreiben, worin Sie die Ideen zu Ihrem möglichen Thema weiterentwickeln.

Übung 8: Themenfindung mittels Clustering mit Metaplankarten
Schubert-Henning (2007, S. 88 f.) schlägt vor, ein Clustering mit Metaplankarten durchzuführen, um sich so mögliche Themen zu erarbeiten. Metaplankarten sind simple Karten, auf denen Ideen notiert werden können, um diese dann an einer sogenannten Metaplanwand mit Nadeln befestigen zu können. Dies erlaubt beispielsweise die schnelle Umgruppierung und Neusortierung von Karten. Für ein Clustering mit Metaplankarten ist es zuerst notwendig, ein Brainstorming (vgl. Übung 6) durchzuführen, bei dem möglichst viele Ideen generiert werden und jeweils einzeln auf Metaplankarten notiert werden. Wichtig ist es hier, nur jeweils eine Idee auf einer Karte zu notieren. Darauf aufbauend werden die Karten in Themenclustern angeordnet; verwandte Karten sollten also auf der Metaplanwand möglichst nahe zueinander gerückt werden. Für diese Themencluster sind dann Kategorienamen und Überschriften zu finden.

Umsetzung
Führen Sie das beschriebene Clustering mit einem wissenschaftlichen Themenbereich durch, in dem Sie sich prinzipiell eine Arbeit vorstellen können. Aus den identifizierten Themenclustern sollten Sie eine Reihe erster möglicher Themen- und Fragestellungsvarianten ableiten und hierzu jeweils eine erste Literaturrecherche beginnen (vgl. Kap. 3). Ziel muss es sein, ein eindeutig umrissenes und abgegrenztes Thema zu definieren, welches gleichzeitig im Bereich des Möglichen liegt.

2.2 Übungen zur Themenfindung

> Orientieren Sie sich bei dieser Einschätzung an diesen Fragen:
> - Welche Literatur existiert zum Thema?
> - Besteht die Möglichkeit, dieses Thema wissenschaftlich zu bearbeiten?
> - Welche Methodik ist geeignet, um die mit dem Thema verbundene zentrale Fragestellung überzeugend zu beantworten?

Übung 9: Themenfindung mittels Analogierad

Ein Analogierad (Esselborn-Krummbiegel 2008, S. 48 f.) dient dazu, ein bekanntes Phänomen in seinen Grundzügen zu beschreiben und diese Merkmale dann auf ein anderes Phänomen zu übertragen (vgl. Abb. 2.2). Dabei zeigt sich in der Regel, dass einige Aspekte des Ausgangsphänomens beziehungsweise des Ursprungskonzeptes übertragbar sind, andere jedoch aufgrund fehlender Ähnlichkeit nicht.

Beide Ergebnisse, sowohl die Übertragbarkeit als auch die Nichtübertragbarkeit, können der Ideen- und Themenfindung dienen – wichtig ist, dass so die Kreativität angeregt wird (Warum besteht eine Analogie beziehungsweise warum lässt sich ein bestimmter Aspekt gerade nicht übertragen?). Zuerst werden alle Einfälle zu einem ausgewählten Begriff, Thema oder Problem gesammelt und im Kreis angeordnet. Das heißt, der Ausgangsbegriff muss mit passenden Merkmalen belegt und beschrieben werden. Diese ergeben dann den inneren Ring des Analogierades (vgl. Abb. 2.2), der dann wiederum dazu dient, diese Merkmale auf ein anderes Thema oder Phänomen zu übertragen (äußerer Ring in Abb. 2.2). Gelesen werden kann das Analogierad sowohl von innen nach außen als auch umgekehrt.

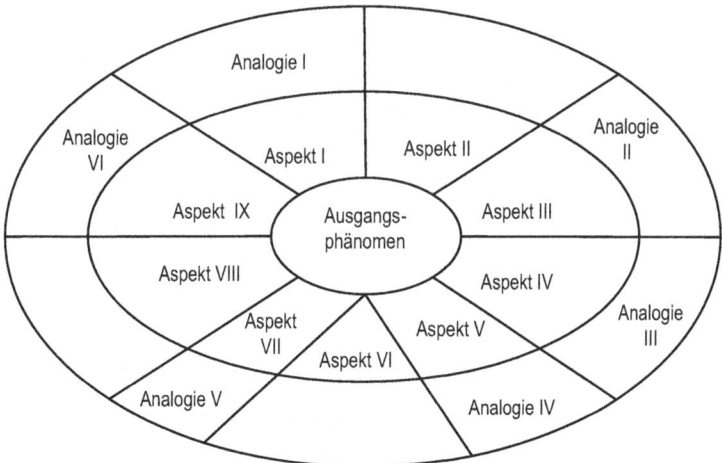

Abb. 2.2 Struktur eines Analogierades

> **Umsetzung**
> Definieren Sie eine Reihe für Sie möglicher Analogiefelder und erarbeiten Sie sich die beschreibenden Merkmale des Ausgangsbegriffs oder Ausgangsthemas. Versuchen Sie sich dann an der Übertragung der Merkmale auf ein anderes Phänomen und notieren Sie sich die Ideen, die sich dabei einstellen.

Übung 10: Themenfindung mittels Experteninterviews

Das Experteninterview kann – analog zur Recherche in praxisorientierten Publikationen (vgl. Übung 4) – nicht nur zur Lösung von Problemen angewendet werden, sondern stellt ebenfalls eine interessante Option dar, Probleme und Herausforderung zu identifizieren. Ziel dieser Technik ist es, eine Reihe von Experten zu einem größeren Themenbereich zu identifizieren, welche dann mit offenen Fragen konfrontiert werden. Diese offenen Fragen zielen darauf ab, aktuelle Herausforderungen zu identifizieren, welche sich dann im Zuge einer wissenschaftlichen Arbeit mit einer angemessenen wissenschaftlichen Methodik lösen lassen. Besteht beispielsweise ein Interesse an Fragen des Innovationsmanagements, so kann über entsprechende öffentliche Expertenäußerungen (beispielsweise Konferenzvorträge, Blogeinträge oder Twitterprofile) eine Reihe potenzieller Experten identifiziert werden, die dann mit Fragen konfrontiert werden wie

- Welche Bedeutung haben Innovationen aktuell für Wirtschaft und Gesellschaft?
- Warum scheitern Innovationsvorhaben?
- Welche Trends sehen Sie aktuell im Bereich X?

Aus der Kombination verschiedener Experten, Sichtweisen und identifizierter aktueller Probleme lässt sich dann wiederum ein Thema zur wissenschaftlichen Bearbeitung ableiten.

> **Umsetzung**
> Identifizieren Sie etwa zehn Experten zu einem übergeordneten Themenbereich, der Ihren Interessen entspricht. Formulieren Sie zwei bis drei offene Fragen, die dazu dienen können, Probleme ans Licht zu bringen. Ordnen Sie die identifizierten Experten nach ihrem jeweiligen Potenzial und sprechen Sie diese der Reihe nach an. Beenden Sie Ihre Interviews, sobald Sie ausreichend kreativen Input gesammelt haben.

Übung 11: Themenfindung mittels Perspektivenwechsel

Um eingefahrene Wege zu verlassen und das Denken in eine vollkommen neue Richtung zu lenken, bietet sich die Technik des Perspektivenwechsels an (Esselborn-Krummbiegel 2008, S. 52 f.). Stellt man fest, dass das eigene Denken immer wieder in eine ähnliche Richtung geht, so können über den Perspektivenwechsel neue Einsichten provoziert werden. Dies gelingt über das Einnehmen eines Standpunktes, der jenseits des Vertrauten liegt und das Problem aus einem ungewöhnlichen Blickwinkel heraus betrachtet.

So kann beispielsweise anstelle eines wissenschaftlichen Exposés ein Brief an ein Kind verfasst werden. Durch die dazu notwendige Vereinfachung werden grundlegende Strukturen deutlich und entscheidende Punkte erkennbar. Als Kreativitätstechnik eingesetzt kann man sich beispielsweise fragen, welche Themen und Probleme eine Person angehen würde, die man selbst als Vorbild betrachtet – es lässt sich aber genauso gut die Perspektive einer Persönlichkeit nehmen, die mit dem zugrundeliegenden Problem keinerlei Berührungspunkte hat. Die möglicherweise sogar als absurd empfundene Konfrontation einer ungewohnten Perspektive mit dem gewohnten Problem kann dann zu komplett neuen Zugängen und Lösungen führen.

> **Umsetzung**
> Definieren Sie verschiedene potenziell interessante Perspektiven und Personen, die dazu dienen können, die Themenfindung in neuem Licht zu sehen (so beispielsweise Vorbilder, Freunde, Verwandte, Personen des öffentlichen Lebens etc.). Versetzen Sie sich nacheinander in diese unterschiedlichen Personen, fragen Sie sich, welche Themen diese auf welche Art und Weise angehen würden und verfassen Sie jeweils eine Themenskizze aus dieser ungewohnten Perspektive.

Übung 12: Themenfindung über Studienerfahrung
Die bisher im Studium gemachten Erfahrungen zeigen sehr deutlich an, wie denn die eigenen Interessen liegen. Es bietet sich damit an, für die Themenfindung gerade einer Abschlussarbeit einmal strukturiert zu reflektieren, wie diese Studienerfahrungen aussehen und welche möglichen Themen für eine wissenschaftliche Arbeit hieraus resultieren (Frank et al. 2014, S. 19).

> **Umsetzung**
> Tragen Sie in einem ersten Schritt alle Unterlagen Ihres bisherigen Studiums zusammen (Vorlesungsmitschriften, möglicherweise geschriebene Seminararbeiten, gelesene Literatur) und breiten Sie diese um sich herum aus, lesen darin, blättern darin und halten dabei entstehende Gedanken schriftlich fest. Nutzen Sie diese Notizen dann, um ein Brainstorming zu beginnen und sich mit Kommilitonen auszutauschen. Identifizieren Sie Themen und am Ende das Thema, welches Sie am meisten interessiert.

2.3 Übungen zur Themeneingrenzung

Übung 13: Grundsätzliche Themeneingrenzung
Sämtliche Ideen, Assoziationen und Möglichkeiten, die im Verlauf der Themenentwicklung aufgetaucht sind, lassen sich über eine Eingrenzung (Bünting et al. 2006, o. P.) auf die zentralen Punkte sinnvoll reduzieren. Eine Themeneingrenzung lässt sich insbesondere über die Sammlung sämtlicher Aspekte und daran anschließende Neusortierung erreichen.

> **Umsetzung**
> Notieren Sie im ersten Schritt all das, was Ihnen zu Ihrem Themenbereich einfällt – auch diejenigen Dinge, die Sie zwar für themenverwandt, aber auf den ersten Blick für nachrangig halten. Seien Sie dabei frei in der Art und Weise, wie Sie notieren: Sowohl Stichworte, als auch kurze Sätze und Skizzen sind erlaubt.
>   Lesen Sie danach Ihre Auflistung aufmerksam und sortieren Sie Ihre losen Assoziationen systematisch. Dies gelingt am besten über ein neues Blatt Papier, auf dem zentrale Begriffe in der Mitte notiert werden und davon ausgehend nachrangigere Aspekte zum Rand des Blattes wandern. Betrachten Sie die entstandene Ordnung und halten Sie mögliche, eingegrenzte Themen separat fest.

Übung 14: Themeneingrenzung mittels Themenfächer
Über die in Kap. 2.2 vorgestellten Methoden lässt sich leicht eine Vielzahl potenzieller Themen, Themenbereiche und Fragestellungen generieren. Der Themenfächer (Esselborn-Krumbiegel 2008, S. 54 ff.) stellt eine Möglichkeit dar, sich in dieser Vielfalt zielführend zu bewegen und zu einer letztlichen Entscheidung über das Thema der wissenschaftlichen Arbeit zu kommen.

Dabei wird der Themenfächer durch zwei zentrale Schritte bestimmt: In einem ersten Schritt gilt es, den Themenfächer möglichst weit aufzuspannen, um ihn dann in einem zweiten Schritt durch Selektion der vielversprechendsten Möglichkeiten wieder zu reduzieren. Um dies zu erreichen, wird der Themenfächer (vgl. Abb. 2.3) von oben nach unten durchlaufen.

Beginnend mit einer Ebene der möglichen Problemstellungen (Ebene I), schreitet man fort zur Skizzierung verschiedener Aspekte der einzelnen Problemfelder (Ebene II), an die sich offen Fragen (Ebene III) und Beobachtungen (Ebene IV) anschließen. Konkret bedeutet dies, dass man im ersten Schritt auf Ebene I alle Probleme und Ideen anordnet, welche das Ergebnis einer frei gewählten Kreativitätstechnik sind (beispielsweise Clustering oder Brainstorming). Im zweiten Schritt besteht nun das Ziel darin, einen vielversprechenden Problembereich auszuwählen und diesen über eine Vielzahl von Aspekten auf der Ebene II zu konkretisieren und genauer zu beschreiben. Problemstellungen unterscheiden sich also von Aspekten durch den Grad der Genauigkeit und Detailliertheit.

2.3 Übungen zur Themeneingrenzung

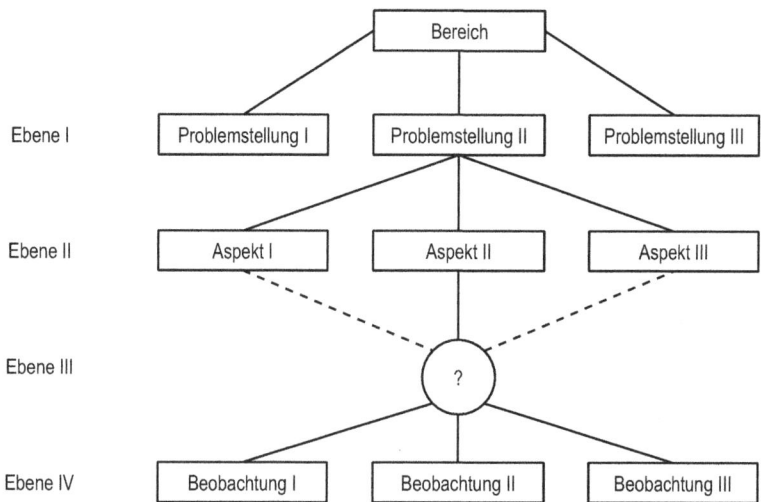

Abb. 2.3 Struktur des Themenfächers. (In Anlehnung an Esselborn-Krumbiegel 2008, S. 56)

Die während dieser Arbeit auftauchenden Fragen werden auf der dritten Ebene gesammelt – ist die Sammlung der Aspekte (vorläufig) abgeschlossen, so gilt es hier, möglichst viele Fragen zu den einzelnen Aspekten zu produzieren. Zuletzt wird der Themenfächer über erste, versuchsweise Antworten geschlossen – das heißt, es werden mögliche, aber nur vorläufige Lösungen angedeutet.

Diese sind definitiv nicht als abschließend zu bewerten (das wäre das Ziel der eigentlichen wissenschaftlichen Arbeit, die ja noch zu schreiben ist), sondern dienen vielmehr dazu, einen ersten Eindruck davon zu gewinnen, ob ein Thema prinzipiell lösbar und bearbeitbar ist. Während der Arbeit am Themenfächer ist es wichtig, sich nicht nur mit den einzelnen Unterpunkten auf den jeweiligen Ebenen auseinanderzusetzen, sondern aufmerksam für Zusammenhänge und Interdependenzen zu sein. Im Ergebnis steht dann ein Überblick über ein Themenfeld, welcher die Komplexität des Feldes verdeutlicht, aber gleichzeitig auch Orientierung bietet und zeigt, welche Aspekte potenziell isoliert bearbeitet werden können. Dieses gelingt beispielsweise über das Entdecken eines Elements, das den meisten Fragen auf Ebene III gemeinsam ist und damit als Forschungsfrage der eigenen wissenschaftlichen Arbeit dienen kann.

> **Umsetzung**
> Entscheiden Sie sich für ein relativ breites, wissenschaftliches Gebiet, in welchem Sie sich vorstellen können, länger zu arbeiten. Setzen Sie eine Kreativitätstechnik Ihrer Wahl ein (vgl. Abschn. 2.2) und sammeln Sie Problemstellungen auf Ebene I. Wählen Sie danach ein einzelnes, für Sie viel versprechend erscheinendes Thema aus, um dessen untergeordnete Aspekte zu sammeln.

> Unterstützen Sie Ihre Sammlung von Aspekten mit einer ersten Recherche beziehungsweise stellen Sie wohl begründete Vermutungen über diese einzelnen Aspekte an. Differenzieren Sie dann die jeweiligen Aspekte aus, indem Sie Fragen hierzu sammeln und schreiben Sie eine erste, kurze Skizze, die auch eine vorläufige Antwort auf Ihre Frage enthält. Schlussendlich entscheiden Sie, welche Frage aus den vielfältigen Möglichkeiten zentral für Sie ist und formulieren Sie diese in ein konkretes Thema Ihrer wissenschaftlichen Arbeit um.

Übung 15: Themeneingrenzung mittels wissenschaftlichem Journal
Größere Klarheit über das eigene Thema lässt sich auch gewinnen, wenn sämtliche Gedanken zum Thema unmittelbar niedergelegt werden. Dies schafft mental Raum für neue Gedanken. Sinnvoll ist daher das Führen eines Journals, also eines Notizbuches, in welchem man alle Einfälle, Ideen, Entwürfe oder auch vorläufigen Lösungsansätze festhält (Pyerin 2001, S. 128). Dabei ist es wichtig, nichts verlorengehen zu lassen – alles, was wichtig erscheint, was in Gedanken immer wieder auftaucht oder was man beispielsweise mit seinen Kommilitonen bespricht, sollte im Journal fixiert werden. Über kurz oder lang entsteht so ein reicher Fundus von Ideen und Gedanken, der sich bei einer durchdachten Vorgehensweise schon durch das Niederlegen im Journal gedanklich strukturiert und so hilft, das Thema der wissenschaftlichen Arbeit einzugrenzen. Zusätzlich bietet das Journal den Vorteil, dass kein auch noch so flüchtiger Gedanke verloren geht.

> **Umsetzung**
> Führen Sie ein Journal über einen überschaubaren Zeitraum, beispielsweise zwei Wochen lang. Notieren Sie in dieser Zeit alles, was auch nur ansatzweise mit einem von Ihnen gewählten Themenbereich zu tun hat. Unterstützen Sie Ihre Gedankensammlung durch eine erste Recherche zum Thema und lesen Sie erste wissenschaftliche Artikel (bevorzugt Überblicksbeiträge) zum Thema. Fassen Sie nach dem geplanten Zeitraum Ihre Gedanken und Skizzensammlung zwecks Konkretisierung und Eingrenzung Ihres Themas zu einem kurzen Text zusammen.

Übung 16: Themeneingrenzung mittels Fragen- und Antwortenkette
Oftmals fällt es schwer, definitive Entscheidungen im Prozess der Eingrenzung einer wissenschaftlichen Arbeit zu fällen, da viele, möglicherweise wichtige Aspekt noch unklar sind. Dann bietet es sich an, anstelle harter Antworten vielmehr Fragen zu formulieren. Diese Fragen können zusammen mit vorläufigen Antworten zu einer Fragen- und Antwortenkette (von Werder 1998, S. 47) kombiniert werden, um Schlüsselideen zu entdecken.

2.3 Übungen zur Themeneingrenzung

> **Umsetzung**
> Entscheiden Sie sich für ein Thema, schreiben Sie dieses auf und beginnen Sie mit einer ersten Frage zu diesem Thema. Geben Sie eine vorläufige Antwort auf diese Frage und leiten Sie aus dieser Antwort wiederum eine neue Frage ab. Verfolgen Sie diesen Ansatz möglichst lange, um zu einer umfassenden Fragen- und Antwortenkette zu gelangen. Betrachten Sie im Anschluss mit etwas Abstand Ihre Kette von Fragen und Antworten und identifizieren Sie deren Kernideen, welche Sie dann wiederum in eine sinnvolle Ordnung bringen.

Übung 17: Themeneingrenzung mittels Fragenkatalog

Themen können ebenfalls eingegrenzt werden, indem man einen Fragenkatalog (Beinke et al. 2008, S. 22 ff.) entwickelt, der Orientierung bietet. Bei der Entwicklung des Fragenkatalogs gilt es, durch eine Reihe verschiedener Techniken das eigene Assoziationsvermögen einzusetzen, um sich dem Themenbereich umfassend anzunähern. Dabei hilft ein Fragenkatalog zu zeigen, welche Unterthemen für einen selbst interessant sind und wo bereits Wissen verfügbar ist.

> **Umsetzung**
> Beginnen Sie zuerst damit, Ihr Thema oder einen zentralen Begriff Ihres Themas auf einem Blatt Papier zu notieren. Schreiben Sie in einer Liste darunter alle Fragen, die Ihnen hierzu einfallen. Lesen Sie hierbei immer wieder die vollständige Liste, sodass Sie neue Fragen vor dem Hintergrund des gesamten Themenkomplexes assoziieren können. Verzichten Sie auf Wertungen, solange Sie Ihre Fragenliste erarbeiten.
>
> Ist Ihre Liste vollständig, gehen Sie diese auf Fragen durch, die Ihnen nicht zielführend erscheinen, die Sie nicht interessieren oder die redundant sind, das heißt die von anderen Fragen abgedeckt werden. Die bereinigte Liste gilt es nun, sinnvoll zu sortieren. Es bietet sich an, dies graphisch zu tun (beispielsweise über ein Clustering – vgl. Übung 7). Verwandte Fragen sollten eng zueinander gestellt und am besten vom Allgemeinen zum Speziellen sortiert werden. Jede Gruppe von verwandten Fragen kann dann mit einem Titel versehen werden – die Summe aller so erarbeiteten Titel ergibt einen Themenkatalog.
>
> Fragen, die sich während der Erstellung des Themenkatalogs ergeben, können selbstverständlich ergänzt werden. Im Ergebnis steht ein umfangreicher Themenüberblick, der Interessen und den aktuellen Status quo des Wissens umfasst. Je nach notwendigem Umfang der wissenschaftlichen Arbeit (Seminararbeit vs. Abschlussarbeit) sollte dieser Themenkatalog gegebenenfalls noch einmal gekürzt werden. Das Ergebnis kann dann als Grundlage der Gliederung Ihrer Arbeit dienen (vgl. Kap. 5).

Übung 18: Themeneingrenzung mittels Kubusspiel

Aus der klassischen Rhetorik sind sechs Perspektiven bekannt, mittels derer sich ein Thema umfassend betrachten lässt. Wendet man diese auf ein Thema an, so lässt sich auch vom Kubusspiel sprechen (von Werder 1998, S. 46), da jede Seite eines Würfels eine rhetorische Perspektive repräsentiert. Im Ergebnis steht ein klar umrissenes Thema, das gleichzeitig umfassend beschrieben worden ist.

Umsetzung
Betrachten Sie Ihr Thema für 30 Min aus sechs verschiedenen Perspektiven. Notieren Sie sofort Ihre Einfälle und Assoziationen. Orientieren Sie sich dabei an den folgenden sechs Schritten, die jeweils für eine der klassischen Perspektiven stehen:
1. Schildern Sie das Thema Ihrer geplanten wissenschaftlichen Arbeit.
2. Vergleichen Sie Ihr geplantes Thema mit einem verwandten Thema.
3. Notieren Sie alle Ihre Assoziationen zum Thema.
4. Beschreiben Sie die Historie Ihres Themas.
5. Diskutieren Sie Anwendungen des Themas Ihrer wissenschaftlichen Arbeit.
6. Führen Sie eine Pro- und Contra-Diskussion und sammeln Sie sowohl Argumente für als auch gegen Ihr Thema.

Übung 19: Themeneingrenzung mittels Themenbaum

Der Themenbaum (von Werder 1998, S. 38 f.) ist eine dem Mind-Mapping (vgl. Übung 40) verwandte Methode und dient dazu, einen Eindruck von den logischen Zusammenhängen eines Themas zu gewinnen. Als Stamm des Baumes ist dabei der zentrale Gedanke der Arbeit zu sehen, während die Äste des Baumes für Unterthemen und einzelne Fragestellungen stehen. Durch die baumartige Anordnung der einzelnen Aspekte gelingt eine Gliederung vom Allgemeinen zum Speziellen und damit wiederum eine Eingrenzung des Themas über den möglichen Ausschluss einzelner Äste.

Umsetzung
Beginnen Sie damit, einen Themenbaum Ihrer Ideen zu zeichnen. Notieren Sie am Fuße eines leeren Blattes drei bis vier zentrale Punkte Ihres Themas, die dann den Stamm bilden. Ausgehend von diesem Stamm schließen Sie je drei bis vier Äste an, welche untergeordneten Aspekte behandeln. Versuchen Sie während dieser Tätigkeit, sich Ihr Thema in Bildern vorzustellen. Achten Sie dabei darauf zwischen grundsätzlichen Ideen und nachrangigen Ideen zu unterscheiden – grundsätzliche Ideen gehören zum Stamm, nachrangige Ideen in Äste. Betrachten Sie Ihren fertigen Themenbaum eine Weile und suchen Sie nach weiteren Zusammenhängen zwischen Ästen und Stamm. Schreiben Sie abschließend einen kurzen, zusammenfassenden Text zu Ihrem Themenbaum.

2.4 Übungen zur Zielsetzung

Übung 20: Zielsetzung mittels Vergleich von Problemstellung und Zielsetzung
Sobald ein Thema gefunden (vgl. Abschn. 2.2) und klar umrissen worden ist (vgl. Abschn. 2.3), gilt es, die zugehörigen Aufgaben und Probleme zu identifizieren und sich selbst klare Ziele zu setzen, um diese innerhalb der Bearbeitungszeit auch zu erreichen. Ziele helfen dabei, die Arbeit weiter zu strukturieren und dienen natürlich auch der Zielerreichung – wenn nicht klar ist, wohin die Arbeit gehen soll, kann sie eben auch nicht erfolgreich abgeschlossen werden.

> **Umsetzung**
> Notieren Sie Ihr Thema auf einem Blatt Papier und adaptieren Sie dann das in Tab. 2.2 aufgeführte Muster. Führen Sie alle Problemstellungen auf, die Sie sich zum momentanen Zeitpunkt denken können und versehen Sie sie mit einer passenden Zielsetzung. Vergleichen Sie immer wieder Zielsetzung und Problemstellung und achten Sie dabei insbesondere auf Wiederholungen, mögliche Lücken, möglicherweise einander ausschließende Ziele (Widersprüche) und Schwerpunkte.

Übung 21: Zielsetzung mittels Perspektivenwechsel
Ein Wechsel der Perspektive kann nicht nur als Kreativitätstechnik zur Themenfindung eingesetzt werden (vgl. Übung 11), sondern hilft auch bei der Setzung von Zielen (Esselborn-Krumbiegel 2008, S. 113 ff.). Entscheidend ist hierbei die richtige Perspektive.

> **Umsetzung**
> Nehmen Sie die Perspektive eines Lesers ein, der Ihre bereits fertige Arbeit besprechen soll. Stellen Sie sich also vor, das noch zu Erreichende wäre bereits geschafft und läge in veröffentlichter Form, beispielsweise als Seminararbeit oder als gebundene Abschlussarbeit vor.
>
> Der Wechsel der Perspektive soll Distanz schaffen zwischen Ihnen und Ihrer noch zu schreibenden Arbeit. Versuchen Sie nun, aus der Perspektive dieses Lesers eine Besprechung Ihrer Arbeit zu schreiben. Dabei hilft es, sich an diesen drei Leitfragen zu orientieren:
> - Was genau ist der Gegenstand beziehungsweise das grundsätzliche Thema der zu besprechenden Arbeit, das heißt worum genau geht es in der Arbeit?
> - Was ist die Forschungsfrage, die in dieser Arbeit behandelt wird, das heißt welches Problem wird gelöst?
> - Was sind die Ergebnisse der Arbeit, das heißt was genau ist vom Verfasser erreicht worden?

Tab. 2.2 Vergleich von Problemstellung und Zielsetzung. (Winter 2005, S. 39)

Problemstellung	Zielsetzung

Übung 22: Zielsetzung mittels Exposé

Das Exposé einer wissenschaftlichen Arbeit gibt nicht nur wieder, was das Thema der Arbeit ist, sondern zeigt darüber hinaus Mittel und Wege, über die die Ziele der Arbeit erreicht werden sollen (Stickel-Wolf und Wolf 2013, S. 121). Es handelt sich also um eine Kurzfassung des Themas, grenzt die Arbeit gegenüber anderen Themengebieten ab und macht deutlich, welche Einzelprobleme bearbeitet werden sollen (Mucha 1975, S. 15).

Im Ergebnis wird der Arbeit so ein Ziel gegeben und man verschafft sich Klarheit über das eigene Vorhaben. Natürlich ‚lebt' das Exposé, d. h. Ziele und Probleme können sich im Laufe der Bearbeitung des Themas immer wieder verschieben und müssen gegebenenfalls angepasst werden – dennoch ist das Exposé ein geeigneter Orientierungspunkt, um mit der Arbeit zu beginnen.

Umsetzungsvariante 1

Beschreiben Sie Ihr geplantes Vorgehen auf etwa sieben Seiten. Nennen Sie das Thema und geben Sie eine Motivation für die Arbeit, d. h. diskutieren Sie aus wissenschaftlicher Perspektive den Anlass der Arbeit und begründen Sie die Sinnhaftigkeit der Aufgabenstellung oder des Themas. Geben Sie eindeutig die aus dem Thema resultierende Problemstellung an und diskutieren Sie Ihre Erkenntnisziele. Berücksichtigen Sie dabei insbesondere mögliche theoretische Bezugspunkte. Fragen Sie sich, welche überprüfbaren Ergebnisse erzielt werden sollen und beschreiben Sie die Vorgehensweise, mit der das Problem untersucht werden soll (Methoden/Techniken/Instrumente). Diskutieren Sie auch, wie mögliche Ergebnisse genutzt und verwertet werden können. Eine erste Quellenrecherche zur Grundlagenliteratur und eine versuchsweise Gliederung der Thematik runden das Exposé ab.

Umsetzungsvariante 2

Erstellen Sie ein etwa siebenseitiges Exposé Ihrer geplanten wissenschaftlichen Arbeit und orientieren Sie sich dabei insbesondere an den in Tab. 2.3 aufgeführten Eckpunkten.

2.4 Übungen zur Zielsetzung

Tab. 2.3 Eckpunkte zur Exposéentwicklung. (Boeglin 2007, S. 79 ff.)

Eckpunkte	Antworten
Motivation für die geplante Arbeit	
Eine kurze Beschreibung der geplanten Arbeit	
Fragen, die beantwortet, behandelt und bearbeitet werden sollen	
Zielsetzung der Arbeit	
Methoden, die möglicherweise angewendet werden	
Zentrale Fragestellung der Arbeit	
Eine vorläufige Gliederung	
Ein Zeitplan zur Bearbeitung des Themas	
Probleme, die noch zu lösen sind	

> **Umsetzungsvariante 3**
> Erstellen Sie ein etwa siebenseitiges Exposé Ihrer geplanten wissenschaftlichen Arbeit und orientieren Sie sich dabei insbesondere an den in Tab. 2.4 aufgeführten Leitfragen.

Tab. 2.4 Leitfragen zur Exposéentwicklung. (Schubert-Henning 2007, S. 89 f.)

Leitfragen	Antworten
Welches Thema hat die Arbeit?	Thema mit kommentierten (begründeten) Eingrenzungen
Welches Ziel hat die Arbeit?	Ziele, Thesen, Hypothesen, zentrale Fragen
Welcher Gegenstand wird bearbeitet?	Mit welchem Argumentationsaufbau wird das Ziel erreicht? Welche Thesen werden dafür bearbeitet?
Wie, mit welcher Methode arbeite ich?	Herangehensweise, Arbeitsschritte
Welche Informationen stehen mir über das Thema zur Verfügung?	Überblick über die vorhandene Literatur, Theoriebezug
Warum sollte die Arbeit geschrieben werden?	Relevanz des Themas?
Ggf. Warum will ich die Arbeit schreiben?	Persönliches Interesse?
Vorläufige Gliederung	
Zeitplan	

Übung 23: Zielsetzung über radikale Vereinfachung

Stellen Sie sich vor, die Kindernachrichten-Sendung LOGO würde über Ihre wissenschaftliche Arbeit berichten (Frank et al. 2013, S. 52). Ihre Adressaten sind Kinder zwischen acht und zwölf Jahren, denen Sie sehr deutlich und klar darstellen müssen, worum sich Ihre Arbeit dreht und warum Sie überhaupt einen Wert hat.

Umsetzung

Notieren Sie auf maximal einer Seite, mit welchem Gegenstand sich Ihre wissenschaftliche Arbeit befasst. Geben Sie überdeutlich Antwort auf drei Fragen:
- Was genau passiert in dieser Arbeit?
- Wieso ist das Thema aufregend, spannend und wichtig und warum sollte das andere (Kinder) interessieren?
- Welcher Teilaspekt des Themas ist für Sie persönlich ganz besonderes bedeutend?

Literatur recherchieren und einschätzen 3

3.1 Strategien zur Identifikation und Bewertung relevanter Literatur

Jedes Thema einer wissenschaftlichen Arbeit steht in einem Kontext, den man sich zu Beginn erarbeiten muss. Dazu gilt es, sich zunächst einen Überblick zum Thema verschaffen, um wahrzunehmen, was bereits alles zu diesem Thema gesagt beziehungsweise geschrieben wurde. Es kommt in der Regel aber nicht darauf an, jegliches Material zu finden und zu sichten, sondern nur solches für die Erarbeitung des Themas heranzuziehen, das wissenschaftlichen Standards genügt und noch neue Aspekte zur Recherche hinzufügt. Im Rahmen einer wissenschaftlichen Arbeit gilt es abzuwägen, was genau wirklich brauchbar und zitierfähig ist (Frank et al. 2013, S. 33).

Studierende stehen bei der Literaturrecherche je nach Thema erfahrungsgemäß vor einem von zwei Problemen: Zum einen kann das Thema so breit gesteckt sein, dass eine gezielte Auswahl und Eingrenzung der Literaturrecherche angesichts der Literaturflut schwerfällt. Je genauer dann das Thema formuliert worden ist, desto fokussierter und damit einfacher kann die Literaturrecherche sein. Andererseits ist es bei sehr engen Themen oftmals auch der Fall, dass auf den ersten Blick keinerlei Literatur zu existieren scheint. Dann wird der Kontext des Themas umso wichtiger, so dass man beispielsweise die Recherche auf verwandte Themengebiete ausweiten muss und Ergebnisse bezüglich eines Phänomens argumentativ auf das Thema der eigenen wissenschaftlichen Arbeit übertragen kann.

Um die Literaturrecherche zu leiten, bietet es sich an, mit folgender Strategie an die Sammlung von Informationen heranzugehen. Für das Beispiel der betriebswirtschaftlichen Literatur – also die Forschungsrichtung für die die Autoren dieses Buches stehen – besteht in der wissenschaftlichen Gemeinschaft weitgehender Konsens über die in Abb. 3.1 gezeigte Hierarchie verschiedener Publikationsformen. Publikationen sind damit nicht per se wissenschaftlich, sondern unterscheiden sich nach dem „Grad der Wissen-

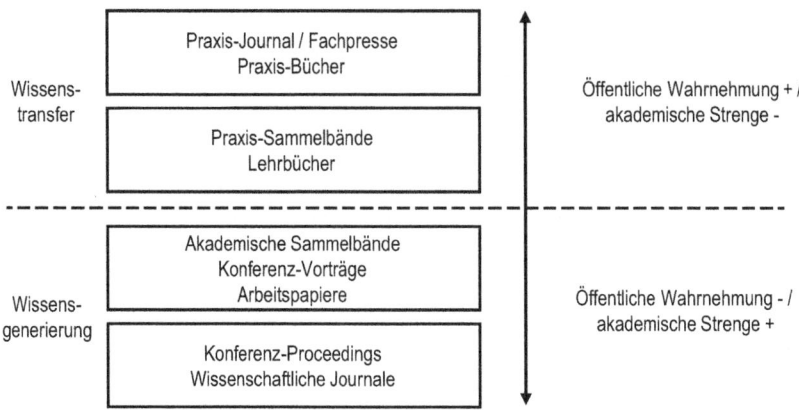

Abb. 3.1 Hierarchie der Publikationsformen für das Beispiel der Betriebswirtschaftslehre

schaftlichkeit" (Voss 2014, S. 90) voneinander. Forschungsergebnisse können über eine Reihe verschiedenartigster Veröffentlichungsorgane kommuniziert werden; diese lassen sich grob in einen Bereich des Wissenstransfers und in einen Bereich der Wissensgenerierung unterteilen. Das heißt, es existieren Publikationsorgane, die primär vollkommen neues Wissen verbreiten (Bereich der Wissensgenerierung), und wiederum andere Veröffentlichungsformen, die dazu dienen, mehr oder minder gesichertes Wissen möglichst breit zu kommunizieren (Bereich des Wissenstransfers).

Naturgemäß ist der Bereich der Wissensgenerierung ein Gebiet für Experten und Spezialisten, so dass er sich durch eine verhältnismäßig geringe öffentliche Wahrnehmung auszeichnet. Gleichzeitig wird Wissen, das in diesem Bereich publiziert wird, in der Regel einer rigorosen Prüfung durch Herausgeber und andere Wissenschaftler in der Rolle von Gutachtern unterzogen (das sogenannte Peer-Review-Verfahren), so dass davon auszugehen ist, dass dieses Wissen extrem verlässlich ist und dem aktuellen Stand der Forschung entspricht.

Demgegenüber stellt sich der Bereich des Wissenstransfers etwas zugänglicher auch für den nicht erfahrenen Leser wissenschaftlicher Literatur dar – Wissenstransfer ist gerade an einer breiten öffentlichen Wahrnehmung interessiert. Es ist hierbei jedoch zu beachten, dass die akademische Strenge abnimmt, je weiter man sich vom Bereich der Wissensgenerierung entfernt und die Texte quasi-journalistisch geschrieben werden.

Rechercheergebnisse, die auf derartigen Publikationen beruhen, sind folglich noch strenger zu hinterfragen, als dies auch im Bereich der Wissensgenerierung der Fall sein sollte. Konkret stehen also wissenschaftliche Zeitschriften und Beiträge zu wissenschaftlichen Konferenzen für den Bereich der Wissensgenerierung, während Lehrbücher und die Fachpresse eher dem Wissenstransfer dienen. In der Konsequenz sollte danach gestrebt werden, ein ausgewogenes Verhältnis zwischen diesen beiden Bereichen zu schaffen.

Wenn nun klar ist, auf welche Publikationsformen sich die Recherche primär beziehen sollte, so kann immer noch viel zu viel Material vorliegen, um es in einer einzelnen Arbeit zu verwenden. Gerade der Bereich der wissenschaftlichen Zeitschriften ist ausgesprochen groß, Universitätsbibliotheken abonnieren Tausende von Zeitschriften und es steht zu bezweifeln, ob überhaupt nachvollzogen werden kann, welche Zeitschriften innerhalb einer Disziplin grundsätzlich veröffentlicht werden. Verschiedene Zeitschriftenrankings können hier Orientierung bieten.

Bei solchen Rankings bewertet eine wissenschaftliche Gemeinschaft die für sie relevantesten Publikationen – Ziel ist also der Versuch der Objektivierung subjektiver Qualitätseinschätzungen einzelner Wissenschaftler. Diese Rankings können beispielsweise zur Messung von Forschungsleistungen individueller Forscher, aber auch von Forschergruppen oder gar ganzen Fakultäten verwendet werden. Gleichzeitig bieten sie jedoch Orientierung in der Informationsflut, indem sie auf besonders beachtenswerte Publikationsorgane hinweisen.

Für die wirtschaftswissenschaftliche Forschung ist eine Reihe solcher Zeitschriftenrankings verfügbar, beispielsweise das Ranking der Wirtschaftsuniversität Wien oder – für ein englischsprachiges Beispiel – die Zeitschriftenbewertung durch die britische Association of Business Schools. Für den deutschen Raum existiert das Zeitschriftenranking JOURQUAL 3, das vom Verband der Hochschullehrer für Betriebswirtschaft erarbeitet und veröffentlicht wird.

Tabelle 3.1 führt exemplarisch jeweils zwei Zeitschriften aus den verschiedenen Kategorien dieses Rankings von A+ (herausragende, weltweit führende wissenschaftliche Zeitschrift auf dem Gebiet der BWL oder ihrer Teildisziplinen) über A (führende wissenschaftliche Zeitschrift auf dem Gebiet der BWL oder ihrer Teildisziplinen), B (wichtige und angesehene wissenschaftliche Zeitschrift auf dem Gebiet der BWL oder ihrer Teildisziplinen), C (anerkannte wissenschaftliche Zeitschrift auf dem Gebiet der BWL oder ihrer Teildisziplinen) zu D (wissenschaftliche Zeitschrift auf dem Gebiet der BWL oder ihrer Teildisziplinen) auf. Weiterhin berücksichtigt das Ranking eine Reihe von Teildisziplinen der betriebswirtschaftlichen Forschung (verfügbar auf den Internetseiten des Verbands unter http://vhbonline.org/). Gerade diese Teilrankings sollten – für den Teil der Literaturrecherche, der sich auf wissenschaftliche Zeitschriften bezieht – aufgrund ihrer Bedeutung innerhalb der einzelnen betriebswirtschaftlichen Disziplinen in jedem Fall Berücksichtigung im Zuge der Erarbeitung eines betriebswirtschaftlichen Themas finden.

Neben der Einschätzung der Publikationsart und der Bewertung einzelner wissenschaftlicher Zeitschriften gilt es selbstverständlich auch, einzelne Beiträge einzuschätzen,

Tab. 3.1 Kategorien und zugehörige exemplarische Zeitschriften aus dem Zeitschriftenranking JOURQUAL 3. (Verband der Hochschullehrer für Betriebswirtschaft 2015)

Kategorie	Exemplarische Zeitschriften
A+	Academy of Management Journal, Administrative Science Quarterly
A	Strategic Management Journal, Journal of Management
B	Journal of Business Research, Journal of Business Economics
C	Harvard Business Review, Business Horizons
D	WiST Wirtschaftswissenschaftliches Studium, WISU das wirtschaftsstudium

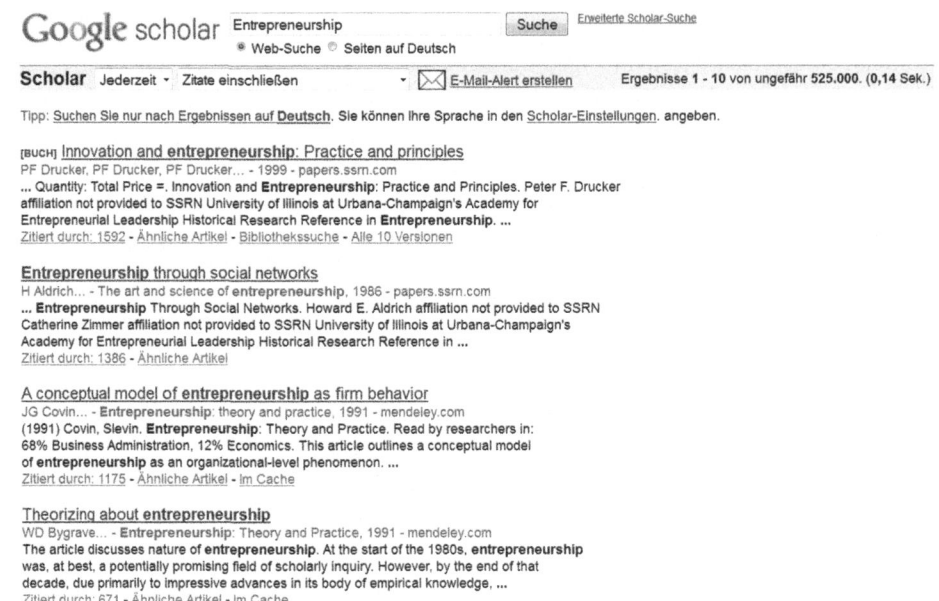

Abb. 3.2 Exemplarische Abfrage von Google Scholar

die in diesen Publikationsorganen veröffentlicht wurden. Neben der inhaltlichen Dimension kann hier auch die Wahrnehmung eines Beitrags durch die wissenschaftliche Gemeinschaft in Form von Zitaten Orientierung bieten. Datenbanken wie Google Scholar oder aber das Web of Science führen explizit auf, wie oft ein bestimmter Beitrag durch andere Wissenschaftler zitiert worden ist. So zeigt das in Abb. 3.2 aufgeführte Beispiel einer Suchabfrage für das Stichwort ‚Entrepreneurship', dass ganz offensichtlich Peter Druckers Buch zum Thema Innovation und Unternehmertum aufgrund seiner rund 1600 erreichten Zitate als zentrale und grundlegende Veröffentlichung eingeschätzt werden sollte.

Veröffentlichungen, die hier besonderes herausragen, sollten also definitiv beachtet werden. Auch lassen sich solche Veröffentlichungen leicht durch das Lesen von Literaturverzeichnissen identifizieren – hat man einen Grundstock von wissenschaftlichen Artikeln und Publikationen recherchiert und vergleicht dann die Literaturverzeichnisse miteinander, so wird man schnell auf immer wieder zitierte Autoren und Veröffentlichungen stoßen, die damit ganz offenkundig bedeutsam für das zu untersuchende Phänomen sind und sicherlich nicht ignoriert werden sollten. Zusammenfassend kann daher folgende, grundsätzliche Recherchestrategie empfohlen werden:

- Während einer Literaturrecherche sollte der Dreischritt von Hierarchie der Quellen, der Wertigkeit einzelner Zeitschriften und des Einflusses von Einzelpublikationen beachtet werden.
- Eine Literaturrecherche setzt sinnvollerweise zu Beginn an der Mitte der Hierarchie der Literaturquellen an (also bei Lehrbüchern oder akademischen Sammelbänden), um so schnell einen Überblick über das Thema zu schaffen.

- Während der Recherche sollten über die Bibliographien der aufgefundenen Veröffentlichungen weitere Artikel und Autoren identifiziert werden, die bedeutsam für das Thema der eigenen Arbeit sind.
- Gleichzeitig ist die relative Langsamkeit des Wissenschaftssystems zu beachten – bezöge sich eine Recherche lediglich auf veröffentlichte Literaturverzeichnisse, so würde die komplette aktuelle Diskussion vernachlässigt werden. Daher sollten auch immer insbesondere die aktuellen Jahrgänge interessanter Zeitschriften durchgegangen werden.
- Datenbanken wie Google Scholar oder das Web of Science erlauben ebenfalls eine Vorwärtsrecherche dadurch, dass sie aufzeigen, welche Veröffentlichungen andere Veröffentlichungen zitieren. Das heißt, während das Lesen von Literaturverzeichnissen rückwärtsgewandt ist, sollte im Zuge der Recherche auch auf die Wirkung einer Publikation abgestellt werden, um so ein möglichst umfassendes Bild zu kreieren.

Die folgenden Übungen unterstützen bei der systematischen Suche nach geeigneter Literatur und grenzen die Recherchetätigkeiten ein, um so wertvolle Zeit zu sparen. Sind interessante Texte aufgefunden worden (vgl. Abschn. 3.2), so müssen diese auf ihre Qualität und Relevanz bewertet werden, um die Spreu vom Weizen zu trennen (vgl. Abschn. 3.3). Hierbei erspart eine sorgfältige Vorgehensweise unnötige Lektürearbeit.

3.2 Übungen zur Literaturrecherche

Übung 24: Literaturbeschaffung mittels Fragenkatalog
Zu Beginn einer Literaturrecherche ist es außerordentlich sinnvoll, sich darüber klar zu werden, was genau eigentlich gesucht wird. Gerade bei den ersten wissenschaftlichen Arbeiten ist das nicht immer offenkundig, da es an entsprechender Erfahrung fehlt. Man sollte sich folglich bewusst machen, welche Informationen bereits vorliegen und welche Informationen noch fehlen. Auch ist es hilfreich so früh wie möglich zu entscheiden, wie viel Literatur benötigt wird und wie diese charakterisiert werden kann (eher praxisorientiert vs. eher akademisch orientiert). Ebenso sollten zentrale Begriffe so schnell wie möglich identifiziert werden (vgl. hierzu auch die Übungen in Kapitel 6), um die entsprechenden Schlagwortabfragen in den Bibliothekskatalogen und den Veröffentlichungsdatenbanken vornehmen zu können. Die in Tab. 3.2 aufgeführten Orientierungsfragen können helfen, die Literaturbeschaffung zügig und strukturiert abzuarbeiten.

Bei den Ergebnissen dieser Literaturrecherche sollte vor allem ein Augenmerk auf jüngere Publikationen gerichtet werden, um schnell einen adäquaten Überblick zum Status quo des Feldes zu erzielen. Selbstredend sind ältere Publikationen nicht per se auszuschließen, insbesondere dann nicht, wenn es sich um Klassiker eines Faches handelt.

Ebenso sollte auf publizierte Literaturüberblicke (sogenannte Literature Reviews) geachtet werden, da sie zügig für Orientierung in der Informationsflut sorgen können und ein Themenfeld nicht nur inhaltlich ordnen, sondern auch besonderes wichtige Publikationen herausstreichen.

Tab. 3.2 Fragenkatalog zur effizienten Literaturrecherche. (In Anlehnung an Boeglin 2007, S. 82 ff.)

Orientierungsfragen	Antworten
Was ich schon weiß:	
Teilthemen, die mich besonders interessieren:	
Teilthemen, für die ich Informationen suche:	
Welche Informationsmenge suche ich? So viel wie möglich? Schlüsseltexte? Nur die neuesten Publikationen?	
Wie will ich das Thema eingrenzen? (Chronologisch? Geographisch? Theoretisch?)	
Was ich wissen will:	
Teilthemen, die mich gar nicht interessieren:	
Welche Schlagworte beschreiben mein Thema?	
Welche Art der Information suche ich? (Populärwissenschaftliche Texte? Wissenschaftliche Texte? Statistiken?)	
In welchen Sprachen suche ich Informationen?	

Umsetzung
Sammeln Sie als erstes alle Ideen, die Ihnen zu Ihrem Thema kommen. Verwenden Sie dann das in Tab. 3.2 aufgeführte Arbeitsblatt, um Ihre geplante Literaturrecherche zu konkretisieren.

Übung 25: Strukturierung der Literaturrecherche
Vorausgesetzt, es existiert bereits ein konkretes Thema und die Anforderungen an die Literaturrecherche wurden bereits konkretisiert (beispielsweise über Übung 24), so sollte eine erste Literaturrecherche unternommen werden. Diese besteht nicht allein aus der reinen Beschaffung potenziell interessanter Literatur, sondern sollte eher darauf abzielen, erste Texte simultan zur Beschaffung zu lesen.

Umsetzung
Setzen Sie sich einen Zeitrahmen von etwa zwei bis drei Stunden zur ersten Literatursuche und -selektion. Ziehen Sie dazu alle Möglichkeiten heran, welchen Ihnen Ihre Bibliothek bietet. Konkret heißt dies, dass Sie sich nicht allein auf den Bibliothekskatalog beschränken sollten, sondern ebenso einen Blick in verschiedene Enzyklopädien, Zeitschriften und Datenbanken werfen sollten. Bewerten Sie dann Ihre Literaturfunde über ein erstes Querlesen von Gliederung und Überschriften, Einleitungen und ausgewählten Passagen (Paetzel 2001, S. 27 ff.). Halten Sie die Ergebnisse Ihrer Literatursuche schriftlich fest – beispielsweise über ein selbst erstelltes, kommentiertes Literaturverzeichnis.

3.2 Übungen zur Literaturrecherche

Übung 26: Literaturbeschaffung mittels Schlagwortsuche
Der Erfolg einer Literaturrecherche wird wesentlich bestimmt durch die richtige Auswahl von Schlag- und Stichworten. Immer dann, wenn anscheinend keine wissenschaftliche Literatur zum Thema vorhanden ist, ist davon auszugehen, dass das Thema noch nicht hinreichend erfasst worden ist und noch nicht klar genug geworden ist, wonach eigentlich gesucht werden soll. Erfahrungsgemäß existiert kein seriöses Thema, zu dem sich keine geeignete Literatur finden ließe. Es gilt daher, eine möglichst umfangreiche Liste von Schlagworten zu entwickeln, die im Zuge der Recherche eingesetzt werden kann.

Umsetzungsvariante 1
Definieren Sie Ihr Thema und entwickeln Sie eine möglichst umfangreiche Liste von Schlüsselbegriffen. Erarbeiten Sie sich möglichst viele Varianten (Kropp und Huber 2006, S. 132) beispielsweise im Zuge eines Brainstormings (vgl. Übung 6) und nehmen Sie auch die Namen von Autoren auf, die bereits zum Thema Ihrer Recherche publiziert haben (Charbel 2003, S. 47), um so weitere Literatur zu identifizieren. Starten Sie dann Ihre Recherche.

Umsetzungsvariante 2
Stößt Ihre Kreativität an Grenzen, so erweitern Sie Ihre in Umsetzungsvariante 1 erarbeitete Schlagwortliste mit Hilfe eines Thesaurus. Ein Thesaurus ist ein Nachschlagewerk, welches Synonyme verzeichnet und so helfen kann, ungewohnte, aber bedeutungsgleiche oder bedeutungsähnliche Begriffe zu entdecken. Abbildung 3.3 zeigt eine exemplarische Abfrage des Wortschatz-Portals der Universität Leipzig (http://wortschatz.uni-leipzig.de) für das Stichwort Management. Die Datenbank gibt hierfür elf Synonyme aus, welche wiederum in der Literaturrecherche eingesetzt werden können. Auch thematische Thesauri, die sich auf ein Fachgebiet konzentrieren, stellen eine Möglichkeit dar (Voss 2014, S. 87). So bietet beispielsweise das Leibniz-Informationszentrum Wirtschaft (ZBW) unter http://zbw.eu/stw/ einen Standard-Thesaurus für an wirtschaftswissenschaftlichen Fragestellungen Interessierte an.

Umsetzungsvariante 3
Erarbeiten Sie sich über die Umsetzungsvarianten 1 und 2 eine möglichst umfangreiche Schlagwortliste zum geplanten Thema Ihrer Literaturrecherche. Starten Sie dann Ihre Recherche. Sobald Sie eine vielversprechende Quelle identifiziert haben, übernehmen Sie weitere Schlagworte, mit denen genau diese Quelle im Bibliothekskatalog oder in der Datenbank indexiert worden ist, um Ihre Schlagwortliste zu erweitern (Boeglin 2007, S. 85 f.).

Wort: Management
Anzahl: 7281
Häufigkeitsklasse: 9 (d.h. *der* ist ca. 2^9 mal häufiger als das gesuchte Wort)
Sachgebiet: Ökonomie
Morphologie: manag|e|ment
man|ag|e|ment
Grammatikangaben: Wortart: Substantiv
Geschlecht: sächlich
Flexion: das Management, des Managements, dem Management, das Management
die Managements, der Managements, den Managements, die Managements
Relationen zu anderen Wörtern:

- Synonyme: Aufsicht, Direktion, Führung, Herrschaft, Kommando, Leitung, Lenkung, Oberaufsicht, Regie, Regiment, Vorsitz
- ist Synonym von: Direktion, Führungsgruppe, Geschäftsleitung, Leitung, Lenkung, Oberaufsicht, Regie, Unternehmensführung, Vorsitz, Vorstand
- wird referenziert von: Betriebsführung

Links zu anderen Wörtern:

- falls positiv bewertet Spitzenmanagement
- falls negativ bewertet Missmanagement, Mißmanagement
- Grundform: Management
- Teilwort von: Asset Management, School of Management, Management GmbH, Facility Management, Mercer Management Consulting, European School of Management, Supply Management, Content Management, Customer Relationship Management, Change Management, Asset Management GmbH, Cash Management, Value Management, Supply Chain Management, Asset Management AG, Location Management, Information Management, Management Buy Out, Total Quality Management, Disease Management, Capital Management GmbH, Management by Delegation, Management Consultants GmbH, Marketing Management, strategisches Management, mittleres Management, Microsoft Management Console, Care Management
- Synonym von: Betriebsführung
- Form(en): Management, Managements

Abb. 3.3 Exemplarische Abfrage des Wortschatz-Portals zum Stichwort Management

Übung 27: Literaturbeschaffung mittels aktueller Literatur (Rückwärtsrecherche)

Zentrale Literatur lässt sich insbesondere durch das Lesen von Literatur ermitteln. Das heißt, die Literaturrecherche wird mit einigen, möglichst aktuellen Texten begonnen, woraufhin die Literaturverzeichnisse dieser Texte gesichtet werden (Bünting et al. 1996, S. 80 f.). Dort aufgeführte Quellen, die weitere Informationen zum Recherchethema versprechen, werden dann in die eigene Literaturliste aufgenommen und besorgt. Allerdings ist dieser Ansatz der Rückwärtsrecherche mit der Einschränkung versehen, das selbst bei außerordentlich aktueller Ausgangsliteratur nur ältere Quellen identifiziert werden können. Der Ansatz sollte folglich mit weiteren Recherchestrategien (vgl. beispielsweise den Übung 28 geschilderten Ansatz) kombiniert werden, da so alleine kein vollständiges Bild gezeichnet werden kann.

Umsetzung
Starten Sie Ihre Literaturrecherche und werten Sie insbesondere die Literaturverzeichnisse Ihrer ersten Funde aus, um weitere interessante und bedeutsame Quellen aufzudecken.

Übung 28: Literaturbeschaffung mittels Vorwärtsrecherche
Um die Schwächen der in Übung 27 genannten Rückwärtsrecherche auszugleichen, sollte ergänzend hierzu eine sogenannte Vorwärtsrecherche unternommen werden. Das heißt, die Literaturrecherche sollte vervollständigt werden durch eine Analyse der Wirkung bestimmter herausragender und interessanter Quellen. Dazu bieten sich Datenbanken wie das frei verfügbare Google Scholar (vgl. Abb. 3.2) oder aber das Web of Science an, welches an vielen Hochschulen zugänglich ist. Während der simple Blick auf die Anzahl erreichter Zitate in diesen Datenbank sicherlich genügt, um einen ersten Eindruck von der Bedeutung einer Quelle zu erhalten, so gilt es nun, genau nachzuvollziehen, welche Publikationen auf einer solchen bedeutsamen Quelle aufbauen und möglicherweise zentrale Aspekte aufgegriffen und weiterentwickelt haben. In der Kombination von Rückwärts- und Vorwärtsrecherche ergibt sich so ein annähernd vollständiges Bild der wissenschaftlichen Diskussion um bestimmte kanonische Quellen herum.

Umsetzung
Beginnen Sie Ihre Literaturrecherche und identifizieren Sie zentrale Quellen zu Ihrem Thema. Vollziehen Sie nun mit Hilfe der genannten Datenbanken nach, welche Wirkung diese Quellen entfacht haben und wie sich das Feld ausgehend von diesen Quellen aktuell entwickelt.

3.3 Übungen zur Literaturbewertung

Übung 29: Grobklassifikation aufgefundener Literatur
Die zu lesende Literatur ist häufig sehr umfangreich und nimmt viel Zeit in Anspruch. Deshalb müssen Prioritäten gesetzt und die aufgefundenen Texte sortiert werden. Dies geschieht mit dem Ziel, den Überblick über die beschaffte Literatur zu behalten und geeignetes von ungeeignetem Material zu unterscheiden. Drei Kategorien haben sich dabei erfahrungsgemäß als sinnvoll erwiesen (Boeglin 2007, S. 87):

- Texte, welche komplett studiert werden sollten,
- Texte, welche nur auszugsweise gelesen werden sollten sowie
- Texte, die gelesen werden könnten, aber nicht gelesen werden müssen.

Alternativ dazu kann unterschieden werden zwischen (Charbel 2003, S. 67 ff.):

- Material, welches geeignet ist,
- Material, welches vielleicht geeignet ist oder
- Material, welches ungeeignet ist und entsorgt werden sollte.

> **Umsetzung**
> Ordnen Sie Ihre Literatur nach den oben zuerst genannten Kriterien und trennen Sie sich von Veröffentlichungen, welche in keine der genannten Kategorien passen. Sortieren Sie sodann innerhalb einer Kategorie beispielsweise alphabetisch nach Autoren, nach Schlagwörtern oder nach Art des Materials (Charbel 2003, S. 67 ff.). Bewährt hat sich auch eine Ordnung, bei der die interessantesten Veröffentlichungen nach vorne sortiert werden. Beginnen Sie mit der Lektüre derjenigen Texte, die nach Ihrer Einschätzung komplett gelesen werden sollten.

Übung 30: Bewertung einzelner Literaturquellen
Einzelne Texte können im Hinblick auf zwei zentrale Kriterien bewertet werden. Da eine wissenschaftliche Arbeit geschrieben werden soll, ist es essentiell, dass diese auch auf wissenschaftlichen Ergebnissen fußt und die verwendeten Literaturquellen entsprechend seriös sind. Hierzu bieten sich insbesondere die Fragen aus dem Arbeitsblatt in Tab. 3.3 an. Allgemein gesprochen lässt sich Seriosität daran erkennen, ob Aussagen, die in einem

Tab. 3.3 Arbeitsblatt zur Bewertung der Wissenschaftlichkeit und Seriosität einer Literaturquelle. (In Anlehnung an Boeglin 2007, S. 88 f.; Dahinden et al. 2014, S. 101)

Autor:
Titel:
Signatur:
Das Zielpublikum
An wen richtet sich der Text? (Anfänger, Experten?)
Handelt es sich um ein populärwissenschaftliches Werk oder um Fachliteratur?
Der Autor
Welche Titel und Funktionen hat er?
Hat er schon etwas zu diesem Thema veröffentlicht?
Ist er anerkannt auf diesem Gebiet?
Wird er in anderen bibliographischen Quellen erwähnt?
Wurde er schon einmal in Lehrveranstaltungen erwähnt?
Arbeitet er an einer wissenschaftlichen Institution?
Die Aktualität der Information
Wann wurde sie veröffentlicht?
Handelt es sich um eine Erstauflage oder Wiederauflage?
Ist der Text noch aktuell oder bereits veraltet?
Handelt es sich um einen Klassiker?
Die Quelle
Ist der Verlag wissenschaftlich anerkannt?
Ist der Text in einer wissenschaftlichen Zeitschrift oder einem akademischen Buch erschienen?

3.3 Übungen zur Literaturbewertung

Text getroffen worden sind, argumentativ nachvollziehbar sind und durch Belege und Quellen gestützt werden. Glaubwürdigkeit resultiert also aus schlüssigen Gedankengängen und auch aus einem Schreibstil, der eher wissenschaftlich als plakativ und unzulässig vereinfachend ist (Charbel 2003, S. 67 ff.).

Darüber hinaus gilt es aber auch, nicht nur seriöse, sondern auch geeignete Literatur zu finden. Dies gelingt, indem ein einzelner Text nach der Lektüre daraufhin eingeschätzt wird (Boeglin 2007, S. 88 f.),

- ob er wirklich wichtig für das Thema der eigenen wissenschaftlichen Arbeit ist,
- ob er genau die Informationen liefert, die auch benötigt werden,
- ob es sich eher um einen grundlegenden oder eher um einen speziellen Text handelt,
- ob der Autor eine Richtung vertritt, die der eigenen Position entspricht oder aber konträr zu dieser steht (was nicht ignoriert werden sollte, sondern möglicherweise auf offene Forschungsfragen hindeutet) sowie
- ob der Text aus einer persönlichen Perspektive heraus überhaupt interessant ist.

Umsetzung
Bewerten Sie eine aufgefundene Literaturquelle zunächst anhand der in Tab. 3.3 genannten Kriterien auf ihre Seriosität hin. Füllen Sie dieses Arbeitsblatt im Laufe Ihrer Literaturrecherche mindestens dreimal komplett aus, bevor Sie die Kriterien so verinnerlicht haben, dass Sie unabhängig vom Arbeitsblatt über Glaubwürdigkeit oder Unglaubwürdigkeit entscheiden können. Lesen Sie danach den Text und legen Sie die oben genannten inhaltlichen Kriterien zur Einschätzung der Brauchbarkeit des Textes an.

Übung 31: Bewertung einzelner Internetquellen

Einen Spezialfall der Literaturbewertung stellen sicherlich Internetquellen dar. Man muss diese nicht komplett verbannen, wie dies oftmals noch der Fall war, als das Internet ein komplett neues Medium war. Dennoch sind auch heute viele Internetquellen fragwürdig (Voss 2014, S. 92)

Aufgrund der Flüchtigkeit des Mediums und der Einfachheit, mit der sich im Internet Information und eben auch Desinformation streuen lässt, sollten derartige Quellen besonderes umsichtig eingeschätzt werden, bevor sie Verwendung in der eigenen Arbeit finden. Dazu sollte man sich einen Eindruck über die veröffentlichende Organisation und die Art und Weise der Darstellung verschaffen sowie über eventuelle Tendenzen in den veröffentlichten Inhalten klar werden (vgl. Tab. 3.4).

Tab. 3.4 Checkliste zur Bewertung einer Internetquelle. (Boeglin 2007, S. 95 ff, gekürzt)

Website

Handelt es sich um eine institutionelle, kommerzielle oder private Website?

Ist diese Website in dem betreffenden Fach anerkannt?

Ziele

Wer ist das Zielpublikum?

Mit welchem Ziel wurde der Beitrag verfasst?

Werden durch die Texte Produkte oder Dienste vorgestellt, die von dem Autor oder der Organisation verkauft werden?

Werbung

Wird eine ‚wissenschaftliche' oder ‚pädagogische' Information mit Werbung verbunden?

Wird die Werbung klar vom Text getrennt?

Inhalt

Wie ist das Niveau bzgl. der Vollständigkeit und Genauigkeit der Informationen?

Werden die Quellen nachgewiesen?

Sind die Schemata, Grafiken und Illustrationen klar und verständlich?

Sind die Texte in einwandfreier Sprache verfasst? (Grammatik, Rechtschreibung, Ausdruck)

Aktualisierung

Weist der Beitrag ein Erstellungsdatum auf?

Wird die Information aktualisiert?

Führen alle Links zu aktuellen Websites oder sind einige veraltet?

Links

Führen sie zu zuverlässigen Websites?

Führen zuverlässige Websites zu dieser Website?

Haben die Links mit dem Inhalt der Website zu tun?

Verantwortliche Organisation

Wird die zuständige Organisation deutlich benannt?

Ist sie als kompetente Instanz auf dem betreffenden Gebiet anerkannt?

Können ihre Referenzen überprüft werden, sofern sie nicht bekannt ist?

Verfasser

Wird er namentlich ausgewiesen?

Handelt es sich um einen Spezialisten oder auf diesem Gebiet anerkannten Forscher?

Ist er Mitglied von anerkannten Organisationen, Institutionen oder wissenschaftlichen Gesellschaften?

Verweisen Bücher, Fachzeitschriften oder andere Medien auf seine Publikationen?

> **Umsetzung**
> Schätzen Sie Internetquellen vorsichtig ein, die Ihnen für Ihre wissenschaftliche Arbeit vielversprechende Informationen zu beinhalten scheinen. Orientieren Sie sich dabei an der in Tab. 3.4 aufgeführten Checkliste und verwenden Sie nur Quellen, die bei Ihnen einen uneingeschränkt seriösen Eindruck hinterlassen.

3.3 Übungen zur Literaturbewertung

Übung 32: Literatursortierung über vorläufige Gliederung

Die Übungen aus Kap. 2.3 zur Eingrenzung des Themas sollten ebenfalls zu einer vorläufigen Gliederung geführt haben. Es bietet sich nun an, diese Gliederung auch als Leitfaden für die Literaturrecherche zu verwenden (Mucha 1975, S. 21). Zum einen können die vorläufigen Kapitel der geplanten wissenschaftlichen Arbeit Hinweise darauf geben, welche Themengebiete recherchiert werden müssen. Gleichzeitig ist diese Gliederung vorläufigen Charakters – in anderen Worten: sie lebt und muss ständig im Laufe der Recherche angepasst werden. Daher sollten während der Literaturrecherche aufgefundene Quellen exzerpiert und zusammengefasst werden und Abbildungen von Konzepten nachgezeichnet werden. Das so gewonnene Material wird dann in die vorläufige Gliederung einsortiert. In der Konsequenz zeigt sich schnell, wo noch Recherchebedarf besteht oder aber wo die Gliederung erweitert beziehungsweise weiter untergliedert werden muss.

Umsetzung

Erstellen Sie eine vorläufige Gliederung und überarbeiten Sie diese wie oben beschrieben im Laufe Ihrer Literaturrecherche.

Wissenschaftliche Literatur lesen

4.1 Was wissenschaftliches Lesen von belletristischem Lesen unterscheidet

Das Lesen wissenschaftlicher Literatur unterscheidet sich selbstredend dramatisch vom belletristischen Lesen. Während es bei der Freizeitlektüre beispielsweise eines Romans nicht darauf ankommt, wie schnell gelesen wird und ob dieser wirklich verstanden wurde, sondern nur der Genuss wirklich zählt, gilt es beim Lesen wissenschaftlicher Literatur (und generell beim professionellen Lesen), dies so effizient und effektiv wie möglich zu gestalten. Das heißt, es müssen nicht nur die richtigen Informationen gelesen werden (Effektivität), sondern diese auch richtig gelesen werden (Effizienz).

Gerade das Ziel des effektiven Lesens stellt angesichts der Informationsflut im wissenschaftlichen Bereich eine große Herausforderung dar. Die Veränderung hin zur Wissens- und Informationsgesellschaft sorgt unter anderem dafür, dass immer mehr Wissenschaftler immer mehr Ergebnisse publizieren. Dieser Prozess beschleunigt sich immer stärker, so dass sich das vorhandene Wissen der Menschheit in immer kürzeren Abständen verdoppelt. In der Folge stößt nicht nur das Wissenschaftssystem tendenziell an seine Grenzen – auch der einzelne Leser steht vor dem Paradoxon, trotz der Vielzahl an Informationen immer schlechter informiert zu sein, da individuell bedeutsames Wissen immer schwieriger aufzufinden ist.

Im vorangegangenen Kap. 3 wurden bereits einige Strategien vorgestellt, um der Informationsflut Herr zu werden und um schnell die richtigen Informationen zu recherchieren. Liegen diese vor, so müssen sie aber immer noch verarbeitet werden, das heißt, richtig gelesen werden. Unterschiedliche Lesearten helfen dabei (Voss 2014, S. 100): So kann ein Text erst einmal nur kursorisch gelesen, das heißt, überflogen werden, bevor man selektiv nur das liest, was momentan interessant scheint, um dann den ausgewählten Text wirklich eingehend zu studieren. Um effizient zu lesen, zählen damit vor allem

- eine angemessene Lesegeschwindigkeit,
- eine passende Lesestrategie sowie
- Verständnis dessen, was gelesen wurde.

Daher werden in den nächsten Abschnitten Übungen zu diesen drei Punkten vorgestellt. Zuerst wird an einer Erhöhung der generellen Lesegeschwindigkeit gearbeitet, um den Fixierungsbereich zu vergrößern und die Fülle an wissenschaftlicher Literatur besser und schneller bewältigen zu können.

Darauf aufbauend folgen Übungen, die dazu verhelfen, für die wissenschaftliche Arbeit relevante Literatur aus der Fülle von Büchern und Veröffentlichungen ohne langes Suchen herauszufiltern. Dabei gilt es insbesondere, schnell eine eigene Meinung über den Inhalt eines Werkes zu entwickeln und diesen im Hinblick auf seine Nützlichkeit für das eigene wissenschaftliche Projekt einzuschätzen. Schließlich folgen Übungen, die darauf abzielen, die Struktur und den Inhalt eines Textes besser zu verstehen. Außerdem unterstützen diese Übungen bei der Ordnung und Auswertung der gesammelten Informationen.

4.2 Übungen zur Erhöhung der Lesegeschwindigkeit

Übung 33: Erhöhung der Lesegeschwindigkeit durch ‚mit dem Finger lesen'
Zur Unterstützung der Erhöhung der Lesegeschwindigkeit bietet es sich an, entweder den Finger, einen Stift oder ein Lineal als Lesehilfe einzusetzen (Boeglin 2007, S. 101). Damit dies gelingt, ist regelmäßiges Üben eine unbedingte Voraussetzung. Da das Auge des Lesers beim Lesen einer Zeile in regelmäßigen Abständen einzelne Punkte fixiert, ist es das Ziel dieser Übung, diese Betrachtungsweise aufzubrechen.

Man fährt dazu mit dem Finger oder einem langen Gegenstand unter der Zeile entlang, während man diese liest. Der Finger gleitet dabei etwas schneller als beim gewohnten Lesen entlang den einzelnen Zeilen. Wenn während dessen sämtliche Wörter gelesen und verstanden werden können, so ist dies ein Indiz dafür, dass die Geschwindigkeit der Bewegung noch zu langsam ist – sie sollte dann folglich erhöht werden. Im Ergebnis gleiten die Augen schneller über den Text und es vergrößert sich der Bereich, auf den man sich als Leser fixiert.

> **Umsetzung**
> Setzen Sie diese Technik zuerst bei verhältnismäßig einfachen Texten ein, wie beispielsweise der Lektüre von Standardlehrbüchern. Schreiten Sie danach fort zu komplexeren Texten.

4.2 Übungen zur Erhöhung der Lesegeschwindigkeit

Übung 34: Erhöhung der Lesegeschwindigkeit durch diagonales Lesen
Das diagonale Lesen (Paetzel 2001, S. 48) zielt wie das ‚mit dem Finger lesen' (vgl. Übung 33) darauf ab, bestehende Fixiermuster aufzubrechen. Man überfliegt dazu den Text zügig und stellt insbesondere darauf ab, zentrale Begriffe wahrzunehmen. Damit ist zwar noch nicht gewährleistet, dass der Text wirklich verstanden ist – das diagonale Lesen genügt aber, um eine erste Einschätzung zu treffen und eine fundiertere Entscheidung treffen zu können, ob eine tiefergehende Lektüre sinnvoll erscheint (Balzert et al. 2013, S. 229).

> **Umsetzung**
> Wählen Sie einen Text und überfliegen Sie diesen wie oben geschildert. Basierend auf Ihrer oberflächlichen Wahrnehmung der Inhalte des Textes versuchen Sie dann, diesen Text in einem kurzen und prägnanten Satz zusammenzufassen. Lesen Sie den Text danach gründlicher und bewerten Sie Ihren Versuch der Zusammenfassung vor dem Hintergrund Ihres neugewonnenen Wissens. Wie in Übung 33 sollten Sie diese Technik zuerst bei verhältnismäßig einfachen Texten einsetzen, um danach zu komplexeren Texten fortzuschreiten.

Übung 35: Erhöhung der Lesegeschwindigkeit durch kreisende Bewegungen
Eine weitere Abwandlung findet sich mit dem kreisenden Lesen (Boeglin 2007, S. 101 f.). Dabei folgt der Finger nicht der Zeile, sondern kreist nahezu willkürlich über den Text. Die Augen sollten diesen kreisenden Bewegungen des Fingers folgen und versuchen, das zu lesen, was der Finger anzeigt. Selbstverständlich ist diese Technik kein Ansatz zum tiefen und aufmerksamen Lesen, sondern dient der schnellen Einschätzung eines Textes. Der Erfolg diese Technik steigt erfahrungsgemäß mit der Häufigkeit ihrer Verwendung.

> **Umsetzung**
> Beginnen Sie mit einem für Sie verhältnismäßig einfachen Text, bevor Sie zu komplexeren Veröffentlichungen fortschreiten. Kreisen Sie für etwa eine Minute (das heißt, auf alle Fälle für einen kürzeren Zeitraum als Sie benötigen würden, um den Text ‚konventionell' zu lesen) langsam mit dem Finger über den Text. Schreiben Sie danach eine kurze Zusammenfassung des Textes und vergleichen diese mit dem Text nach einer zusätzlichen, eingehenderen Lektüre. Bei erfolgreichem Einsatz dieser Technik sollten Sie die tragenden Konzepte und Argumente des Textes registriert haben.

Übung 36: Erhöhung der Lesegeschwindigkeit durch Slalomtechnik
Genau wie Übung 34 und 35 dient die Slalomtechnik (Boeglin 2007, S. 101 f.), regelmäßiges Üben vorausgesetzt, dazu, Texte einer ersten flüchtigen Prüfung zu unterziehen, um einen schnellen Eindruck über ihren Inhalt zu erhalten. Bei der Slalomtechnik zeichnet der Finger eine Schlangenlinie über den Text, der die Augen folgen. Dieser Ansatz ist insofern vielversprechender als das willkürliche Kreisen, da so gezielt die Anfänge und Enden von Absätzen angesteuert werden können, in denen gerade erfahrene Autoren zentrale Aussagen platzieren, die sie im eigentlichen Absatz detaillierter ausführen und begründen.

> **Umsetzung**
> Wie aus den anderen Übungen zur Erhöhung der Lesegeschwindigkeit bekannt, beginnen Sie mit einfachen Texten bevor Sie den Anspruch erhöhen. Zeichnen Sie mit dem Finger eine Schlangenlinie über den Text, die insbesondere auf die ersten und letzten Sätze eines Absatzes fallen sollte, und notieren Sie im Anschluss alle Begriffe, die Sie behalten haben.
>
> Versuchen Sie danach, einen zusammenfassenden Text über diese Begriffe zu schreiben und vergleichen Sie diesen nach einer eingehenderen Lektüre des Ursprungstextes mit Ihrem schriftlich fixierten ersten Eindruck. Passen Sie Geschwindigkeit und Schlangenlinien dann so an, dass Sie mit dieser Technik schnell die tragenden Elemente eines Textes identifizieren können.

4.3 Übungen zu Lesestrategien

Übung 37: Selektives Lesen
Die in Kap. 4.2 vorgestellten Übungen haben bereits angedeutet, dass es durchaus sinnvoll sein kann, nicht immer alles zu lesen. Während die Auswahl des Gelesenen bei den Übungen 34 bis 36 jedoch eher ‚technisch' erfolgt, da sie hauptsächlich über die Art und Weise bestimmt wird, wie das Auge über den Text wandert, kann man sich aber auch auf bestimmte tragende Elemente eines Textes fokussieren und so einen guten ersten Eindruck erhalten. Viele Elemente professionell geschriebener Texte erfüllen gerade diese Funktion. Die nachstehenden beiden Umsetzungsvarianten des selektiven Lesens (Chevalier 1999, S. 68 ff.) trainieren für zwei wichtige Texttypen (Artikel vs. Buch), auf welche Kernelemente man sich fokussieren sollte.

> **Umsetzungsvariante 1**
> Wählen Sie einen Zeitungs- oder Zeitschriftenartikel aus, der mit dem Thema Ihrer Arbeit in Verbindung steht. Lesen Sie diesen sodann nicht komplett, sondern konzentrieren Sie sich auf
> - den Titel des Artikels,
> - den ersten Absatz oder die Einleitung des Artikels,
> - den letzten Absatz beziehungsweise das Fazit oder den Ausblick des Artikels,

4.3 Übungen zu Lesestrategien

- eventuell vorhandene Zwischenüberschriften sowie
- bei längeren Absätzen den ersten und letzten Satz dieser Absätze.

Notieren Sie anschließend Ihre Sicht auf den Inhalt des Artikels und vergleichen Sie Ihre Notizen mit dem von Ihnen wahrgenommenen Inhalt des Artikels nach einer tiefergehenden Lektüre.

Umsetzungsvariante 2
Auch längere Texte wie Fachbücher können selektiv gelesen werden – gerade dabei macht sich selektives Lesen in Kombination mit den Schnelllesetechniken aus Kap. 4.2 bezahlt. Wählen Sie ein Buch, welches für Ihre wissenschaftliche Arbeit nützlich sein könnte und überfliegen Sie in etwa einer Viertelstunde folgende Teile des Buches:
- Erste und letzte Umschlagseite.
- Die Einleitung.
- Den Ausblick und das Fazit.
- Das Inhaltsverzeichnis.

Blättern Sie danach durch das Buch hindurch, lesen Sie ab und an einige Zeilen oder Absätze und konzentrieren Sie sich dabei insbesondere auf das erste und das letzte Kapitel. Notieren Sie anschließend Ihre Sicht auf den Inhalt des Buches und vergleichen Sie Ihre Sicht mit den von Ihnen wahrgenommenen Inhalten des Buches nach einer tiefergehenden Lektüre.

Übung 38: Aktives Lesen durch Beantwortung von Leitfragen
Hat man als Leser keine konkreten Erwartungen an einen Text, so kann es passieren, dass man unkonzentriert liest und dabei das Wesentliche überliest. Darum lohnt es sich, zu klären, was man in einem Text sucht, um die Stellung des passiven Lesers aufzugeben. Aktives Lesen sorgt für mehr Effizienz und spart damit wertvolle Zeit. Um aktiv lesen zu können, muss man sich jedoch auf die Lektüre vorbereiten. Das Lesen mit Hilfe von Leitfragen (Boeglin 2007, S. 109 ff.) kann dazu verhelfen (vgl. Tab. 4.1), Texte gezielter zu lesen und sich auf die wesentlichen Informationen zu konzentrieren.

Umsetzung
Wählen Sie einen Text zur Lektüre und überfliegen Sie diesen zuerst mit einer Schnelllesetechnik, um einen ersten Eindruck zu gewinnen. Gehen Sie dann an die eigentliche Lektüre und arbeiten Sie den Text konzentriert durch. Haben Sie eine größere Textpassage gelesen, so beantworten Sie für sich – mindestens im Geiste, besser schriftlich – die Leitfragen zum aktiven Lesen aus Tab. 4.1. Wiederholen Sie diesen Prozess mit jedem größeren Abschnitt.

Tab. 4.1 Leitfragen zum aktiven Lesen. (In Anlehnung an Boeglin 2007, S. 109 ff.)

1. Wer ist der Autor und was weiß ich schon über ihn?
2. Wovon handelt der Text?
3. Was weiß ich schon über das Thema?
4. Was will ich wissen?
5. Welcher Aspekt des Textes ist für mich wichtig?
6. Welche Informationen erwarte ich von dem Text?
7. Welchen Bezug hat dieser Text zu meinem Thema?
8. Was ist das Ziel des Autors?
9. Was ist das Problem, das der Autor behandeln will?
10. Stellt der Autor eine Hypothese auf? Wenn ja, welche?
11. Gegen was oder wen schreibt er?
12. Was ist seine Hauptthese?
13. Wie ist der Argumentationsaufbau?
14. Welche Schlussfolgerung zieht er?

Übung 39: Aktives Lesen durch MEZ-Methode

Um aktiv zu lesen, sollte nicht nur gelesen werden, sondern ebenfalls umgehend notiert werden, was als wichtig und interessant identifiziert wurde. Das Erstellen von Exzerpten, also das Notieren von Textauszügen und erste Paraphrasierungsversuche, hat ein besseres Textverständnis zur Folge und sorgt auch dafür, dass Texte in der Regel nur ein einziges Mal gelesen werden müssen.

Exzerpte sorgen also für Effizienz und einen besseren Textzugang. Strukturiert werden kann diese Tätigkeit über das Kürzel MEZ, welches für Markieren, Exzerpieren und Zitieren steht (von Werder 1998, S. 66 f.). In einem ersten Schritt sollte ein Text eingehend gelesen und mit umfangreichen Anmerkungen markiert werden. Das können Unterstreichungen sein, aber auch am Rande notierte Bemerkungen oder selbstständig eingefügte Zwischentitel über einzelnen Absätzen, wenn diese nicht vom Autor überschrieben worden sind.

Ist dies gelungen, so sollte der Text exzerpiert werden (vgl. Übung 45). Orientierung bieten dabei die sogenannten W-Fragen (Wer?, Wann?, Wo?, Was?, Wie?, Warum?). Alternativ kann das Exzerpt auch problemorientiert strukturiert werden, indem man

- nach Problemen fragt,
- vom Autor vorgeschlagene Lösungen sammelt und
- eigene Kommentare notiert.

Abschließend sollten die bedeutsamsten Zitate gesammelt und abgelegt werden – sei es in einer Arbeitskartei, in einer Literaturverwaltung oder direkt im Manuskript der geplanten wissenschaftlichen Arbeit, die bestenfalls bereits mit einer provisorischen Gliederung versehen ist.

> **Umsetzung**
> Wählen Sie einen Text für Ihre wissenschaftliche Arbeit aus und lesen Sie diesen aktiv nach der MEZ-Methode. Fertigen Sie ein Exzerpt an, welches nach den W-Fragen strukturiert ist, und danach ein weiteres, welches problemorientiert ist. Entscheiden Sie, mit welchem Ansatz Sie sich wohler fühlen und verwenden Sie diesen Ansatz bei zukünftig zu lesenden Texten.

Übung 40: Mind-Map-Lesen

Mind-Maps (Buzan und Buzan 2011) stellen eine vielfältig einsetzbare Technik dar, um etwa die eigenen Gedanken zu sortieren, ein Brainstorming zu moderieren oder kreative Problemlösungen zu finden. Meist sind sie bekannt als eine kreativitätsstützende Technik – sie lassen sich aber genauso gut einsetzen, um die Gedanken anderer nachzuvollziehen und um die Struktur eines zu lesenden Textes freizulegen (von Werder 1998, S. 66).

Mind-Maps werden damit begonnen, auf der Mitte eines möglichst großen Blattes einen Grundgedanken oder das Thema der Mind-Map zu notieren. Alternativ dazu lassen sich auch Softwarelösungen einsetzen, welche die Weiterverarbeitung von fertigen Maps vereinfachen (für ein kommerzielles Beispiel sei hier beispielsweise auf den unter www.mindjet.com verfügbaren MindManager verwiesen). Ausgehend von der Mitte der Mind-Map werden dann Linien gezogen, auf denen Gedanken zum Thema notiert werden. Je nach Komplexität des Themas lassen sich diese Linien oder Äste weiter ausdifferenzieren – ebenfalls können Querverweise gezogen werden. Abbildung 4.1 zeigt das Beispiel einer mit Softwareunterstützung erstellten Mind-Map zum Thema Evidence-Based-Management (Kuckertz 2012).

Im Zuge des aktiven Lesens bietet sich das Mind-Mapping an, um die Grundstruktur von gelesenen Texten zügig nachzuvollziehen. Hierdurch wird verstanden, mit welchen Zielen der Text verfasst worden ist und zu welchen Resultaten der Verfasser kommt. Weiterhin werden tragende Gedanken von nachrangigen Argumenten durch die Struktur der Mind-Map getrennt.

> **Umsetzung**
> Wählen Sie einen zu lesenden Text und verschaffen Sie sich einen kurzen Überblick. Eventuell vorhandene Textzusammenfassungen (sogenannte Abstracts), Einleitungs- und Schlussworte sowie Zwischenüberschriften sollten Ihnen leicht die Erstellung einer ersten Mind-Map-Version erlauben. Lesen Sie danach den Text aufmerksam und arbeiten Sie daran, die tragenden Äste der Mind-Map mit weiteren Verästelungen zu versehen. Achten Sie dabei vor allem auf Querbezüge zwischen den einzelnen Textteilen und verfassen Sie anschließend einen zusammenfassenden Text des Gelesenen auf Grundlage der von Ihnen geschaffenen Mind-Map.

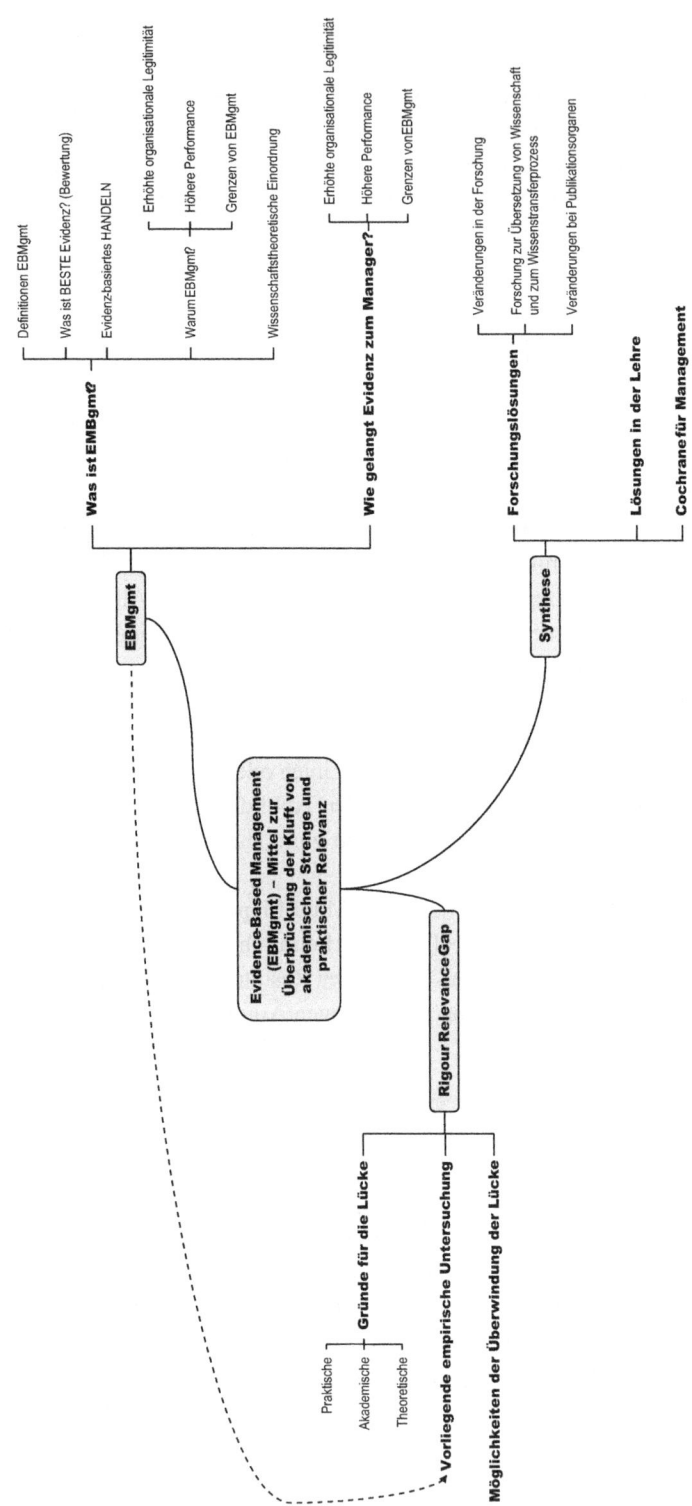

Abb. 4.1 Beispiel einer mit Softwareunterstützung erstellten Mind-Map zum Thema Evidence-Based-Management

4.3 Übungen zu Lesestrategien

Übung 41: Aktives Lesen durch Identifikation der Thesen
Gerade wissenschaftliche Texte sind um Thesen herum aufgebaut, die von den Autoren mit den unterschiedlichsten Mitteln entwickelt und gestützt werden. Ein aktives Lesen, das sich dieses Umstands bewusst ist, kann genutzt werden, um diese Thesen (die nicht immer deutlich im Text hervorgehoben sein müssen) zu entdecken (Pyerin 2001, S. 99 f.). Beim Lesen eines Textes sollte zwischen den primären Thesen und nachrangigen Argumenten unterschieden werden. Dazu bietet es sich an, eine aufgefundene These direkt im Text farblich oder durch Unterstreichung zu markieren.

Nach dem ersten Lesen sollten dann die Zusammenhänge zwischen den einzelnen Thesen geklärt werden, da nicht alle Thesen von gleicher Bedeutung sind. So mag der Text aus einer zentralen These verschiedene weitere Unterthesen herleiten oder aber möglicherweise mehrere Unterthesen dazu verwenden, die zentrale These zu begründen. Ersteres Vorgehen wird als Deduktion bezeichnet, der letztere Ansatz als Induktion. Zeichnet man nun über den Text Pfeile, welche die einzelnen Thesen in Richtung der Hauptthese verbinden, so lässt sich die grundsätzliche Argumentationsstruktur umgehend nachvollziehen.

> **Umsetzung**
> Wählen Sie einen zu lesenden Text für Ihre wissenschaftliche Arbeit aus und machen Sie dessen Thesen wie beschrieben explizit. Prüfen Sie dann, wie glaubwürdig der Autor für seine Thesen argumentiert. Möglicherweise werden empirische Belege angeführt oder aber es wird rein logisch vorgegangen. Seien Sie dabei aufmerksam für verschiedene Arten, Argumente zu begründen, wie beispielsweise die Unterscheidung von Ursache und Wirkung, Vergleich und Gegensatz, Fragen und Antworten oder aber Probleme und Lösungen (Pyerin 2001, S. 99 f.). Kontrastieren Sie abschließend die Thesen des gelesenen Textes mit Ihrer eigenen Meinung beziehungsweise Ihrem bereits vorhandenen Wissen über das zu untersuchende Phänomen. Wo besteht Konsens zwischen Ihnen und dem Autor, wo weichen Sie voneinander ab, worin liegen diese unterschiedlichen Sichtweisen begründet?

Übung 42: Free-Writing-Lesen
Das freie Schreiben oder Free-Writing (von Werder 1998, S. 65 f.), welches parallel zum Lesen eingesetzt wird, kann dazu verhelfen, schnell in den Diskurs mit dem gelesenen Autor einzutreten. Ausgehend von einem durch den gelesenen Text gelieferten Impuls schreibt man ohne Unterbrechung all das auf, was einem durch den Kopf geht. Das heißt, dass bei dieser Methode ganz bewusst die Kontrolle und das Denken in Kategorien von richtig und falsch aufgegeben wird – was zählt ist das Schreiben allein.

Weil durch die aufgegebene Kontrolle auch Gefühle und nicht nur Fakten in den Free-Writing-Text einfließen, kann der Leser von entstehenden Analogien und Metaphern profitieren, die dann wiederum die kognitive Komponente des aktiven Lesens stärken können. Ähnlich wie beim Brainstorming gilt es, den Schaffensprozess willentlich vom

Evaluationsprozess zu trennen – (Selbst-)Kritik hat im freien Schreiben keinen Platz. Schreiben hat dann nicht nur die Funktion, Verstandenes in einer wissenschaftlichen Arbeit endgültig niederzulegen, sondern dient damit bereits der Vorstufe: dem Verstehen.

Umsetzung
Wählen Sie einen geeigneten wissenschaftlichen Text aus. Lesen Sie nur dessen Titel und schreiben Sie ohne Unterbrechung alles das auf, was Ihnen an Assoziation und Wissen zu diesem Titel einfällt. Schreiben Sie mindestens eine halbe Seite, bevor Sie stoppen. Beginnen Sie dann mit der eingehenderen Lektüre des Textes. Immer dann, wenn Sie einen wichtigen, interessanten oder zentralen Gedanken im Text finden, beginnen Sie mit einer weiteren Seite freien Schreibens. Nehmen Sie am Ende all Ihre geschriebenen Texte, die üblicherweise eine Mischung aus Exzerpten und eigenen Gedanken darstellen, und fassen Sie diese zu einem sauber durchformulierten Text zusammen. Dieser Text stellt Ihre Antwort auf den gelesenen wissenschaftlichen Text dar.

Übung 43: Aktives Lesen durch die SQR3-Methode
Die SQR3-Methode (Schubert-Henning 2007, S. 42 ff.) stellt eine umfassende Lesestrategie dar, die viele der geschilderten Übungen dieses Kapitels zusammenfasst, um das Maximum an Informationen aus einem Text herauszuholen und zu verstehen. SQR3 steht dabei für Survey, Question, Read, Recite, Review, also etwa Überblick, Fragen, Lesen, Rekapitulieren und Überprüfen. Ziel der Anwendung der SQR3-Methode ist es darüber hinaus nicht nur, Verständnis zu ermöglichen, sondern auch das Verstandene in schriftlich fixierter Form festzuhalten.

Umsetzung
Wählen Sie einen geeigneten wissenschaftlichen Text aus. Im ersten Schritt (Survey) gilt es zu erreichen, dass Sie einen Überblick über den Text gewinnen. Dazu sollten Sie die Schnelllesetechniken aus Kap. 4.2 einsetzen und dann den Text selektiv durchlesen, wobei auf die in Übung 37 geschilderten typischen Textbausteine wissenschaftlicher Literatur abgestellt wird. Aufbauend auf diesem Überblick sollten Sie dann im zweiten Schritt (Question) vor der eigentlichen Lektüre die Ziele Ihrer Lektüre definieren, indem Sie Fragen an den Text vorformulieren. Hierbei können Sie sich von den in Übung 38 vorgeschlagenen Leitfragen inspirieren lassen.
Dann kann im dritten Schritt (Read) die eigentliche Lektüre beginnen. Hierzu bietet es sich an, den Text erneut quer zu lesen (Übung 34 bis 36), um vor dem Hintergrund der formulierten Fragen noch einmal sicherzustellen, dass der Text überhaupt das Potenzial hat, diese Fragen zumindest in Teilen zu beantworten. Dann

kann mit der tiefergehenden Lektüre begonnen werden, wobei Textteile, die keine Antwort auf die formulierten Fragen versprechen, übersprungen werden dürfen. Als viertes (Recite) sollten dann die entnommenen Antworten und Informationen rekapituliert und vorläufig schriftlich festgehalten werden. Dazu bietet sich ein simpler Text an oder aber auch eine Mind-Map (Übung 41) zum Thema des Textes. Dieser Schritt stellt sicher, dass Sie wirklich alles Notwendige verstanden haben – im anschließenden fünften Schritt (Review) können dann noch offene Frage wieder an den zu lesenden Text im Zuge einer nochmaligen Lektüre herangetragen werden, um das entstandene Exzerpt oder auch die entstandene Mind-Map abzurunden und zu vervollständigen.

Übung 44: Aktives Lesen durch die PQ4R-Methode
Die PQ4R-Methode (Rost 2008, S. 183 f.) ist stark mit der aus Übung 43 bekannten SQR3-Methode verwandt und stellt eine sinnvolle Erweiterung dieser Lesestrategie dar. Das P in PQ4R steht hier für Preview und entspricht damit dem ersten Schritt (Survey) der SQR3-Methode. Zusätzlich wird ein weiterer mit R bezeichneter Schritt (Reflect) eingeführt, der zum verstärkten Nachdenken über den gelesenen Text auffordert. Zusammengenommen (Balzert et al. 2013, S. 230 f.) stellen sich die Schritte der PQ4R-Methode damit als Preview (Übersicht gewinnen), Questions (Fragen stellen), Read (Lesen), Reflect (Reflektieren), Recite (Wiederholen) und Review (Überprüfen) dar.

Umsetzung
Wählen Sie einen zu analysierenden wissenschaftlichen Text aus und erarbeiten Sie sich diesen mit der PQ4R-Methode. Folgen Sie dabei in den Schritten der Beschreibung aus Übung 43. Führen Sie zusätzlich im Leseschritt dieser Strategie regelmäßig, am besten nach jedem Absatz, einen Reflektionsschritt ein, um über das Gelesene nachzudenken und es kritisch einzuschätzen.

4.4 Übungen zur Erhöhung des Textverständnisses

Übung 45: Textverständnis durch Exzerpieren
Angesichts der üblichen Komplexität wissenschaftlicher Literatur wäre es vermessen, sich bei der Lektüre allein auf sein Gedächtnis zu verlassen. Nicht alles Gelesene kann behalten werden, gerade wenn es beispielsweise um umfangreichere wissenschaftliche Arbeiten wie Abschlussarbeiten geht.

Daher sollte während der Lektüre das Wesentliche eines Textes schriftlich festgehalten werden, das heißt, der Text sollte exzerpiert werden. Im Idealfall sammelt man so alle Informationen, die für die abschließende Erstellung der wissenschaftlichen Arbeit zu einem späteren Zeitpunkt benötigt werden. Dabei ist es ratsam, Exzerpte beispielsweise in einem Ordner oder einer anderen Ablagemöglichkeit zu sammeln. Diese Ablage kann, wenn bereits eine vorläufige Gliederung der geplanten Arbeit erstellt wurde, analog zu dieser Gliederung organisiert werden. Die Exzerpte bieten den Vorteil, dass gelesene Texte nicht mehr hervorgeholt werden müssen und endgültig abgelegt werden können – für die eigentliche Arbeit greift man dann nur noch auf sein Exzerpt und die darin kondensierte Information zurück.

Umsetzungsvariante 1
Wählen Sie einen für Ihre wissenschaftliche Arbeit zu lesenden Text aus. Lesen Sie diesen analytisch und exzerpieren Sie diesen Text mit Hilfe des in Tab. 4.2 abgebildeten Arbeitsblatts.

Umsetzungsvariante 2
Wählen Sie einen für Ihre wissenschaftliche Arbeit zu lesenden Text aus. Verfassen Sie ein Exzerpt und beantworten Sie dabei die folgenden Fragen bezüglich des gelesenen Textes (Rost 2008, S. 206). Beginnen Sie mit Fragen zur Analyse des Textes, um vor allen Dingen dessen Aufbau und Struktur zu verstehen:
- Von welchen Voraussetzungen geht der Text aus?
- Werden diese Voraussetzungen im Blick behalten?
- Wie wird argumentiert?
- Gibt es Widersprüche oder Brüche in der Argumentation?
- Stehen Voraussetzungen, Argumentation und Schlussfolgerung in einem widerspruchsfreien Zusammenhang?

Gehen Sie danach dazu über, den Text inhaltlich zu reflektieren und heben Sie Ihre Analyse beziehungsweise Ihre Kritik auf die Sachebene:
- Werden Probleme angemessen und sachlich richtig dargestellt?
- Wie ist der methodische Ansatz einzuschätzen?
- Können Aussagen des Textes kritisiert werden, indem sie mit Aussagen, Hypothesen, Theoremen anderer Texte verglichen oder durch sie ergänzt werden?
- Welche Quellen wurden herangezogen?

Übung 46: Textverständnis durch die Netzwerk-Technik
Die Netzwerk-Technik (Burchert und Sohr 2008, S. 69) ist eine dem Mind-Mapping (vgl. Übung 40) verwandte Methode, um den Argumentationsgang eines Textes in eine visuelle Form zu verwandeln. Im Gegensatz zum Mind-Mapping ist die Struktur eines Netzwerks jedoch ein ganzes Stück weit freier.

Tab. 4.2 Arbeitsblatt zur Erstellung eines Exzerptes. (Boeglin 2007, S. 114 f.)

Schlagworte:
Titel des Buches oder des Kapitels:
Thema des exzerpierten Textes:
Bibliographische Angaben:
Signatur:
Lesedatum:
Zusammenfassung:
Zitate (mit Seitenangabe):
Mein Kommentar:
Stellenwert für meine eigene Arbeit:
Zuordnung zu bestimmten Abschnitten meiner Arbeit:
Verweis auf andere Texte/Exzerpte:

So gibt es nicht zwangsläufig einen zentralen Begriff, um den sich einzelne Ausdifferenzierungen herum anordnen. Gleichzeitig ist das visualisierte Netzwerk der Argumente auch viel weniger hierarchisch als eine Mind-Map und damit noch vielfältiger einsetzbar. Ziel der Netzwerk-Technik ist das Hervorheben von Beziehungen und Zusammenhängen zwischen entscheidenden Begriffen eines Textes. Besonders geeignet für verhältnismäßig eindeutige und gut strukturierte Texte, bietet diese Technik eine gute Möglichkeit, gerade kausale Zusammenhänge zwischen den Konzepten eines Textes besser zu verstehen.

Umsetzung
Beginnen Sie mit einem verhältnismäßig einfachen Text, etwa einem Standardlehrbuch Ihres Faches. Identifizieren Sie zentrale Begriffe und zeichnen Sie diese auf einem Blatt Papier auf, wobei Sie beispielsweise Vierecke und Ovale verwenden können, um unterschiedliche Kategorien von Begriffen voneinander zu trennen. Kennzeichnen Sie Relationen zwischen den Begriffen mit Pfeilen.

Übung 47: Verständnis eines Forschungsstranges
Neben dem Verständnis des einzelnen Textes gilt es auch, einen oder mehrere Stränge von Forschungsliteratur bewerten und verstehen zu können, das heißt eine Gesamtschau vorzunehmen, bevor man das Thema strukturieren (vgl. Kap. 5) und endgültig schriftlich niederlegen (vgl. Kap. 6) kann. Dazu hilft die Beantwortung folgender Fragen (Plümper 2008, S. 49):

- Was leistet die recherchierte Literatur in ihrer Gesamtheit und was leistet sie nicht?
- Existieren verschiedene Denkschulen, Sichtweisen oder Argumentationen und wie unterscheiden sich diese voneinander? Warum unterscheiden sie sich voneinander?
- Auch wenn Unterschiede bestehen – worüber besteht Konsens innerhalb der Literatur?

- Was wird das zentrale Argument der eigenen wissenschaftlichen Arbeit sein?
- Unterscheidet sich dieses Argument von der bestehenden Diskussion in der akademischen Literatur? In anderen Worten: Leistet die eigene wissenschaftliche Arbeit einen Beitrag zu dieser Diskussion?

Umsetzung
Sichten Sie die Ihnen zur Verfügung stehende Literatur. Versuchen Sie sich dann unter Zuhilfenahme Ihrer Exzerpte (siehe Übung 45) an einer Gesamtschau und beantworten Sie oben stehende Fragen.

Übung 48: Erhöhung der Selbststeuerung während des Lesens
Lesen erfordert Konzentration und es ist wichtig, diese aufrecht zu erhalten und zu trainieren. Es gilt, sich selbst zu steuern und das eigene Leseverhalten immer wieder, gerade auch während des Lesens, zu reflektieren. Dabei helfen vier Fragen (Schmitz 2010, S. 35).

Umsetzung
Wählen Sie einen für Ihre wissenschaftliche Arbeit zu lesenden Text aus. Während Sie lesen, stellen Sie sich gelegentlich selbst in Frage:
1. Bin ich gerade fokussiert und konzentriert?

Wenn dies nicht der Fall ist, so bietet sich eine kurze Pause vom Lesen an. Auch sollte die Arbeitsumgebung möglicherweise angepasst werden. Ablenkender Lärm sollte abgestellt werden, lesefreundliches Licht sichergestellt und gegebenenfalls auch der Sitzplatz verbessert werden. Weitere Fragen, die der Erhöhung der Selbststeuerung dienen, sind:

2. Verstehe ich, was im Text geschrieben steht?
3. Was ist der Grund für eventuelle Verständnisprobleme?
4. Was kann ich tun, um mein Verständnis zu verbessern?

Tauchen bei der Beantwortung dieser Fragen Schwierigkeiten auf, so hilft es, den Text ein weiteres Mal zu lesen, sich mit Nachschlagewerken zu beschäftigen oder auch zusammenfassende Artikel zu Rate zu ziehen, die helfen können, ein grundlegendes Verständnis vom Thema zu gewinnen.

Übung 49: Textverständnis durch geeignete Markierungen
Wissenschaftliches Lesen ist aktives Lesen. Das heißt, der zu lesende Text muss nicht nur passiv rezipiert werden, man sollte auch mit Textkennzeichnungen arbeiten, sodass die Struktur des Textes deutlich wird und man, wenn man nach einiger Zeit wieder zu einem Text zurückkommt, schnell wieder erfasst, worum es darin geht. Textkennzeichnungen helfen auch Exzerpte zu erstellen.

4.4 Übungen zur Erhöhung des Textverständnisses

Tab. 4.3 Zeichen zur schnellen Identifikation besonderer Textpassagen. (in Anlehnung an Voss 2014, S. 104 f.)

Zeichen	Anwendung
B	Ein ‚B' kennzeichnet ein Beispiel, welches einen bestimmten Sachverhalt prägnant verdeutlicht
?	Ein ‚?' kennzeichnet diejenigen Teile des Textes, die momentan noch unklar sind
→	Ein ‚→' kennzeichnet Textpassagen, die weitere Arbeit erfordern – beispielsweise Prüfung der Quellen oder die eigenständige Weiterführung eines Gedankens
!	Ein ‚!' hilft dabei, im Text Prioritäten zu setzen und besonders wichtige Textstellen zu kennzeichnen
Z	Ein ‚Z' hebt zusammenfassende Passagen des Autors im Text hervor
+/−	Stimmt man dem Autor zu oder lehnt eine Interpretation ab, so wird dies durch ein ‚+' oder ein ‚−' ausgedrückt
T	Ein großes ‚T' hebt Thesen im Text hervor – diese sind in der Regel noch prägnanter als Zusammenfassungen und bieten sich daher besonders an, in der eigenen wissenschaftlichen Arbeit zitiert zu werden
= oder D	Ein ‚=' oder ein ‚D' dient dazu, Definitionen zu kennzeichnen

Textkennzeichnungen können selbst entwickelt werden oder beispielsweise aus Tab. 4.3 entnommen werden. In jedem Fall greift man dabei aber auf ein eindeutiges System zurück, in welchem jede Kennzeichnung eine unmissverständliche Bedeutung besitzt (Voss 2014, S. 104 f.).

Umsetzung
Wählen Sie einen für Ihre wissenschaftliche Arbeit zu lesenden Text aus. Verwenden Sie dabei die in Tab. 4.3 vorgeschlagenen Zeichen, während Sie lesen.

Das Thema strukturieren 5

5.1 Strukturieren als eigener wissenschaftlicher Beitrag

Nachdem man zahlreiche Gedanken zu einem Thema gesammelt hat, gilt es, diese zu sortieren und zu gliedern. Das Gliedern an sich kann durchaus als eine wissenschaftliche Leistung betrachtet werden und ist daher nicht zu unterschätzen – gelingt es beispielsweise, erstmals in einem noch diffusen Themenfeld Struktur und Ordnung zu schaffen, so stellt dies einen Beitrag dar, welcher die zukünftige Diskussion prägen kann und auf den andere Bezug nehmen können. Wissenschaftliches Arbeiten und ein wissenschaftlicher Beitrag müssen also nicht zwangsläufig auf der Auswertung neuer Daten oder auf einem neuartigen logischen Beweis beruhen – Orientierung in der Informationsflut zu ermöglichen schafft bereits mehr Wissen und darf damit als Wissenschaft gelten.

Abbildung 5.1 zeigt eine exemplarische Gliederung aus einem veröffentlichten akademischen Aufsatz. Wird der Versuch unternommen, selber ein Thema zu gliedern, so sind vor allen Dingen zwei Punkte wichtig, welche oftmals bei mangelnder Erfahrung vernachlässigt werden. Zum einen sind Aspekte von gleicher Bedeutung auf der gleichen Ebene anzuordnen, zum anderen erfordert die Einführung einer weiteren untergeordneten Ebene, dass das Thema auf dieser Ebene in mindestens zwei Aspekte unterteilt werden kann. In anderen Worten: Ein Unterpunkt 2.1 beispielsweise kann niemals alleine stehen – entweder ist ein weiterer Punkt 2.2 einzuführen oder aber die dort gemachten Ausführungen sind auf die übergeordnete Ebene 2 zu heben.

Eine strukturierte und zielführende Vorgehensweise der wissenschaftlichen Arbeit trägt ebenfalls dazu bei, den Leser zu überzeugen. Daher gilt es nicht nur, eine sinnvolle Gesamtstruktur zu entwickeln (die im Prinzip dem Inhaltsverzeichnis der Arbeit entspricht), sondern auch auf Ebene der einzelnen Kapitel und Abschnitte strukturiert vorzugehen. Die nachstehenden Übungen zeigen daher, wie man seine Gedanken ordnen und in einen logischen Zusammenhang bringen kann.

```
1   Die Bedeutung von jungen Unternehmen in der Net Economy

2   Die Bausteine der Unternehmensgründung in der Net Economy
    2.1   Ausgangspunkt: Produkt und Management
    2.2   Notwendigkeit: Finanzen
    2.3   Umsetzung: Marktzugang und Prozesse

3   Die Phasen der Unternehmensentwicklung in der Net Economy
    3.1   Early Stage: Ideenfindung, -formulierung und -umsetzung
    3.2   Expansion Stage: Ideenintensivierung
    3.3   Later Stage: Ideenfortführung und/oder -diversifikation

4   Der Aufbau des Sammelbandes „E-Venture Management"

    Literaturverzeichnis
```

Abb. 5.1 Exemplarische Gliederung eines Aufsatzes von Kollmann (2003)

5.2 Übungen zum Gliedern von Themen

Übung 50: Erstellung einer Gliederung mittels Zielsetzung
Gliederungen werden unternommen, um ein wissenschaftliches Ziel zu erreichen. Ohne ein konkretes Ziel muss der Versuch, ein Themengebiet zu strukturieren, zwangsläufig scheitern und ins Uferlose ausarten. Aus diesem Grund sollte man beim ersten Versuch, sein Thema zu gliedern, immer das konkrete Ziel der Arbeit gedanklich im Hintergrund behalten (siehe auch Kap. 2.4 für Übungen zur Zielsetzung). Das Ziel leitet dann die Strukturierung (Winter 2005, S. 25).

> **Umsetzung**
> Beginnen Sie damit, dass Sie Ihr Thema schriftlich festhalten. Beginnen Sie nun, dieses Thema in seine einzelnen Aspekte zu zerlegen und halten Sie dieses gedanklich gegen Ihre Zielsetzung. Entscheiden Sie sich für Aspekte, die essentiell für Ihre Arbeit sein werden und verwenden Sie diese als Grundlage Ihrer Gliederung. Schließen Sie unbedeutende Aspekte aus.

Übung 51: Erstellung einer Gliederung durch Identifikation der Hauptgedanken
Eine andere Sichtweise auf das Strukturieren von Themen bietet sich mit der Konzentration auf die Hauptgedanken zum Thema. Dazu ist es hilfreich, sich noch einmal die zentrale Frage seiner wissenschaftlichen Arbeit zu vergegenwärtigen und die recherchierte Literatur zu betrachten. Zielführend sind dabei nachstehende Fragen (Boeglin 2007, S. 140 f.):

- Welche Gedanken sollen nicht behandelt werden?
- Welche Gedanken sind für die eigene Arbeit interessant?
- Welcher Zusammenhang besteht zwischen den ausgewählten Gedanken?

- Welche Gedanken sind die Hauptgedanken?
- Welche Gedanken sind eher nachrangig?
- In welcher Reihenfolge sollten diese Gedanken abgearbeitet werden?

> **Umsetzung**
> Reflektieren Sie Ihr Thema vor dem Hintergrund der oben aufgeführten Fragen und schreiben Sie Ihre Gedanken auf. Nummerieren Sie die Gedanken durch und unterstreichen Sie diese oder markieren Sie sie farblich, wo dies sinnvoll erscheint. Schreiten Sie dann dazu fort, die einzelnen Teile miteinander in Verbindung zu setzen. Ihre Gliederung beziehungsweise Struktur sollte dabei einen logischen Zusammenhang haben – beispielsweise beginnend mit einer Erläuterung des Problems oder der Zielsetzung, gefolgt von einer Analyse des Problems und der Formulierung von möglichen Lösungen. Eine Zusammenfassung beziehungsweise ein Ausblick rundet Ihre Strukturierung ab.

Übung 52: Erstellung einer Gliederung mittels Mind-Map
Mind-Maps (siehe Übung 40 für eine grundsätzliche Erläuterung) können nicht nur als Kreativitätsinstrument oder zum Nachvollziehen der Gedanken anderer eingesetzt werden, sondern sind auch hilfreich, um wissenschaftliche Arbeiten selbst zu strukturieren (Pyerin 2011, S. 132). Zuerst sollte man die verschiedenen Aspekte eines Themas identifizieren – diese entsprechen den Ästen der Mind-Map. Aspekte gleicher Bedeutung sind dann Ästen derselben Stärke zuzuordnen. Am einfachsten gelingt dies mit Unterstützung einer Mind-Mapping-Software, die es erlaubt, einzelne Äste per ‚drag and drop' innerhalb der Mind-Map zu verschieben. So kann das Thema versuchsweise nach verschiedenen Gesichtspunkten geordnet werden.

> **Umsetzung**
> Erstellen Sie eine Mind-Map Ihres Themas. Probieren Sie unterschiedliche Anordnungen aus und entscheiden Sie sich für eine zielführende und ausgewogene Aufteilung. Ist dies erreicht, so kann die Mind-Map in eine Gliederung übertragen werden. Die Hauptäste der Mind-Map entsprechen dann der ersten Gliederungsebene, während untergeordnete Äste mit untergeordneten Gliederungspunkten gleichzusetzen sind. Abbildung 5.2 zeigt das Beispiel einer mittels Mind-Mapping visualisierten Gliederung.

Übung 53: Erstellung einer Gliederung durch die Beantwortung grundlegender Fragen
Eine Gliederung strukturiert nicht nur das Thema, für sich allein genommen stellt sie bereits eine Antwort auf grundlegende Fragen dar. Wenn sich zentrale Aspekte nur schwer

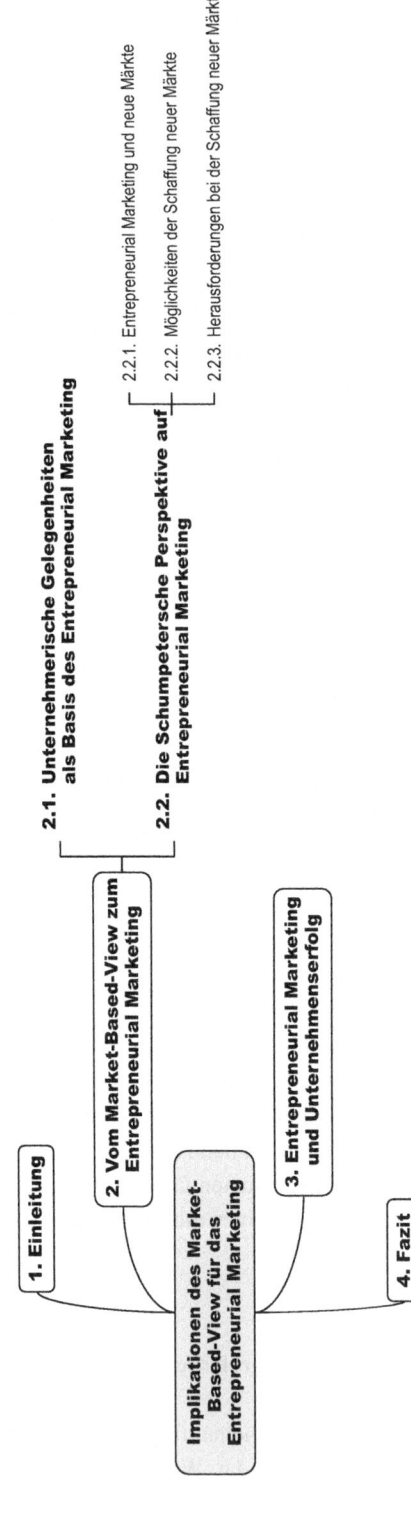

Abb. 5.2 Visualisierung der Gliederung eines wissenschaftlichen Aufsatzes (Kollmann und Kuckertz 2015) als Mind-Map

5.2 Übungen zum Gliedern von Themen

identifizieren lassen, so helfen drei grundsätzliche Fragen (Charbel 2003, S. 78 ff.) dabei, diese Aspekte zu entdecken:

- Wovon handelt das Thema und welchen Gegenstand oder welches Phänomen behandelt die Arbeit?
- Was kann zu diesem Gegenstand gesagt werden und aus welchen Perspektiven heraus kann er betrachtet werden?
- Was kann geschlussfolgert werden? Was ist die Konsequenz der Ergebnisse?

Hat man diese Fragen beantwortet, so können die Antworten im weiteren Verlauf der Arbeit ausdifferenziert werden (vgl. Abb. 5.3).

Umsetzung
Beantworten Sie die oben gestellten Fragen schriftlich und erstellen Sie eine vorläufige Gliederung. Prüfen Sie diese, indem Sie sicherstellen,
- dass alle Punkte der Gliederung wirklich wichtig für das übergeordnete Thema Ihrer Arbeit sind,
- dass alle Punkte zusammengenommen das Thema in seiner Gesamtheit erfassen,
- dass die Gliederung ausgewogen ist und Hauptgliederungspunkte in etwa im gleichen Umfang ausdifferenziert worden sind sowie
- dass die Abfolge der Gliederungspunkte – sowohl auf der ersten Ebene als auch auf den nachgeordneten Ebenen – in sich logisch und aufeinander aufbauend ist.

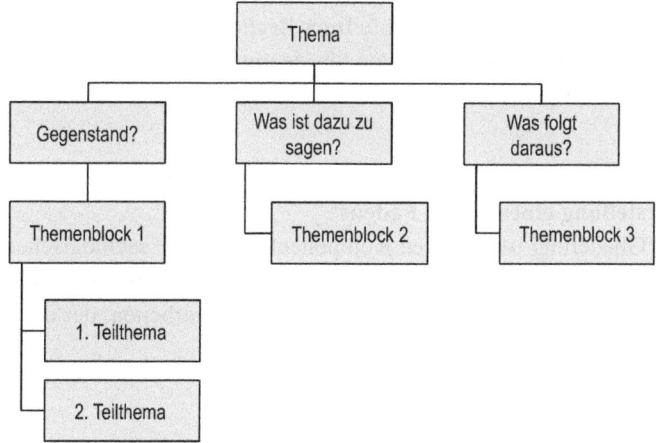

Abb. 5.3 Drei grundlegende Fragen zur Strukturierung von Themen. (In Anlehnung an Charbel 2003)

Übung 54: Erstellung einer Gliederung mittels Kartei
Gliederungen wissenschaftlicher Arbeiten sind während des Schreibprozesses niemals endgültig, sondern werden während der Arbeit ständig angepasst. Da man über die Ursprungsrecherche hinaus kontinuierlich neue Informationen während der Erstellung der Arbeit sammelt, muss sich auch die Gliederung anpassen. Ein System hierfür zu haben, welches dieser Anforderung genüge tut, ist daher sinnvoll. Es bietet sich dabei an, mit einem System von Karteikarten zu arbeiten (Mucha 1975, S. 15), um insbesondere auf den untergeordneten Ebenen der Gliederung ausreichend flexibel zu bleiben.

> **Umsetzungsvariante 1**
> Sammeln Sie einzelne Probleme und Fragestellungen zum zu untersuchenden Phänomen und erstellen Sie vor dem Hintergrund der Zielsetzung Ihrer Arbeit eine erste, vorläufige Gliederung. Setzen Sie diese dann in Form einer Kartei um und legen Sie neu recherchierte Informationen entsprechend ab. Läuft nach einer gewissen Zeit ein Fach Ihrer Kartei über, so überlegen Sie, wie Sie Ihre Kartei und damit auch Ihre Gliederung anpassen können, um das Phänomen strukturierter zu beschreiben.

> **Umsetzungsvariante 2**
> Schaffen Sie eine freie Wand an Ihrem Arbeitsplatz oder verwenden Sie eine Pinnwand (Scheuermann 2013, S. 86). Notieren Sie dann jeden aktuellen Gliederungspunkt auf einer Karteikarte und sortieren Sie die Karteikarten an der Wand. Hilfreich sind verschiedenfarbige Karteikarten, die unterschiedliche Gliederungsebenen kennzeichnen. Verändert sich im Laufe Ihrer Recherche die Gliederung, so können Sie die Karten leicht verschieben, wenn Sie sie mit Stecknadeln oder Klebepunkten nur vorläufig befestigt haben.

Übung 55: Erstellung eines ‚roten Fadens'
Ein Ziel einer Gliederung ist es, deren Komponenten in einen sachlogischen Zusammenhang zu bringen. Leitfragen für jeden Teil der Gliederung können dazu verhelfen, einen entsprechenden ‚roten Faden' (Pyerin 2001, S. 128) zu erarbeiten, der die Gliederung in ihrer Gesamtheit zusammenhält.

> **Umsetzung**
> Beginnen Sie damit, Ihr Thema in einzelne Aspekte zu zerlegen und formulieren Sie zu jedem Aspekt eine zentrale Frage. Notieren Sie dann diese Frage in einer kurzen

und griffigen Formulierung auf einer Karteikarte und bringen Sie diese Karteikarten in eine Abfolge, die einem übergeordneten Gedankengang entspricht (beispielsweise von der Problemidentifikation zum Lösungsvorschlag zur Überprüfung des Lösungsvorschlages). Darauf aufbauend können Sie eine zweispaltige Liste anlegen, beispielsweise auch in einem Tabellenkalkulationsprogramm, in deren erster Spalte Sie die zentralen Fragen notieren, die Sie in der zweiten Spalte mit Ihren Ideen und Rechercheergebnissen kommentieren. Fragen, zu denen sich viele Ideen ergeben, können möglicherweise weiter untergliedert werden.

5.3 Übungen zum Aufbau von Kapiteln und Abschnitten

Übung 56: Aufbau von Kapiteln mittels Überschriftenformulierung
Neben der Gliederung und Strukturierung der gesamten Arbeit gilt es auch, einzelne Abschnitte und Kapitel logisch aufzubauen. Das heißt, die Strukturierungsarbeit ist nicht damit beendet, grobe ‚Schubladen' (also eine Gliederung auf der ersten Ebene) zu eröffnen, in denen dann ohne große Ordnung Informationen gesammelt werden – auch innerhalb einer ‚Schublade' muss Struktur geschaffen werden. Dazu gilt es ein Konzept (Charbel 2003, S. 91 f.) zu erarbeiten.

Umsetzung
Beginnen Sie nicht mit dem Feinschliff eines Kapitels, sondern konzipieren Sie dieses zuerst. Beginnend mit einer vorläufigen Gliederung sollten Sie den ersten Gliederungspunkt auch als Kapitelüberschrift Ihres zu schreibenden Kapitels verwenden. Recherchieren Sie dann alles, was zu diesem Gliederungspunkt gehört und ändern Sie gegebenenfalls Ihre Kapitelüberschrift in eine Frage um, um sich so leichter einer Lösung zu nähern. Gleichen Sie im Zuge dessen immer wieder Material und Kapitelüberschrift aneinander an, um sicherzustellen, dass der im Kapitel behandelte Stoff auch wirklich der Überschrift entspricht. Innerhalb des Kapitels können Sie das Material unter Stichworten zusammenfassen, wobei Sie darauf achten sollten, diese Stichworte in einen sachlogischen Zusammenhang zu bringen, so dass auch das Kapitel selbst einen roten Faden hat.

Übung 57: Aufbau von Kapiteln und Abschnitten über zentrale Aussagen
Oftmals sind wissenschaftliche Arbeiten nicht adäquat gegliedert, da die einzelnen Abschnitte nicht strikt voneinander abgegrenzt sind. Jedes Kapitel und jeder Abschnitt sollten jedoch eine ganz eigenständige Funktion erfüllen. Es hilft, eine Trennung der behan-

delten Probleme innerhalb der Gliederung zu schaffen, indem man sich insbesondere drei Fragen vergegenwärtigt (Esselborn-Krumbiegel 2008, S. 195 ff.):

- Was ist es, was die einzelnen Kapitel voneinander unterscheidet?
- Ist es möglich, für jedes Kapitel und jeden Absatz eine einzelne zentrale Aussage zu treffen?
- Kann der Leser unterscheiden, welche Abschnitte bedeutsam für den Fortgang der Arbeit sind und welche eher als nachrangig, Hintergrundinformationen liefernd oder als Exkurse zu betrachten sind?

Umsetzungsvariante 1
Formulieren Sie einen Satz für jedes Ihrer Kapitel, der genau beschreibt, wovon das Kapitel handelt.

Umsetzungsvariante 2
Prüfen Sie Ihre Arbeit, indem Sie lediglich den ersten (gegebenenfalls auch zweiten) Satz eines jeden Kapitels beziehungsweise Absatzes lesen. Erschließt sich dem Leser der Gang der Arbeit und deren zentrale Inhalte?

Übung 58: Aufbau von Abschnitten mittels TABZ- und ABTZ-Formel
Abschnitte innerhalb einer wissenschaftlichen Arbeit können mindestens zwei Aufgaben haben – entweder dienen diese als Funktions- oder als Thesenabschnitte (von Werder 1998, S. 87 ff.). Funktionsabschnitte helfen dabei, dem Leser Orientierung zu geben und weisen ihn an, wie man sich dem Text am besten annähern sollte. Solche Funktionsabschnitte leiten in der Regel in Kapitel ein, schließen diese ab oder leiten zwischen zwei Kapiteln über.

Thesenabschnitte demgegenüber widmen sich den Inhalten einer wissenschaftlichen Arbeit und diskutieren diese. Ein solcher Thesenabschnitt beinhaltet naturgemäß eine zentrale These, geht aber darüber hinaus, indem dort auch Informationen berücksichtigt werden, die helfen, die These besser zu verstehen, sie zu erläutern oder zu stützen.

Prinzipiell können Thesenabschnitte nach der TABZ-Struktur (vgl. Tab. 5.1) oder der ABTZ-Struktur (vgl. Tab. 5.2) aufgebaut werden. Bei der TABZ-Formel beginnt man mit der These (T), um diese dann durch Argumente (A) und Beispiele (B) zu stützen, bevor man das Gesagte wieder in einer Zusammenfassung (Z) präsentiert. Alternativ lassen sich Thesen (T) auch aus Argumenten (A) und Beispielen (B) herleiten, bevor man sie abschließend wieder zusammenfasst (Z). In diesem Fall folgt ein Thesenabschnitt der ABTZ-Formel.

Tab. 5.1 Arbeitsblatt zur TABZ-Formel

Elemente des Thesenabschnitts	Eigener Thesenabschnitt
T = Abschnittsthese	
A = Argumente	
B = Beispiele	
Z = Zusammenfassung	

Tab. 5.2 Arbeitsblatt zur ABTZ-Formel

Elemente des Thesenabschnitts	Eigener Thesenabschnitt
A = Argumente	
B = Beispiele	
T = Abschnittsthese	
Z = Zusammenfassung	

> **Umsetzung**
> Lesen Sie ein Kapitel Ihre wissenschaftlichen Arbeit, welches Sie bereits in einer Rohfassung vorformuliert haben. Können Sie Thesen- und Funktionsabschnitte identifizieren? Gibt es Abschnitte, deren Rolle unklar ist? Formulieren Sie insbesondere Thesenabschnitte so um, dass sie einer nachvollziehbaren Logik folgen und orientieren Sie sich dabei an der TABZ- oder der ABTZ-Formel.

Übung 59: Aufbau des Abschlusskapitels

Ein gern gemachter, aber leicht vermeidbarer Fehler vieler unerfahrener Autoren wissenschaftlicher Arbeiten ist es, darauf zu verzichten, diese mit einem Abschlusskapitel oder einem Fazit auszustatten. Dieses ist jedoch essentiell, es dient dazu, das Erreichte zu rekapitulieren. Zusammen mit der Einleitung und der Gliederung rundet das Fazit die Arbeit ab und hilft dazu, den Kreis zu schließen. Gleichzeitig dient es dazu, sich einmal so weit wie möglich von seiner Arbeit zu distanzieren und klar und eindeutig zu benennen, wo die Grenzen der Arbeit liegen, welche Fragen nicht beantwortet werden konnten und wo Potenzial für weitere wissenschaftliche Arbeit besteht (Winter 2005, S. 75 ff.).

> **Umsetzung**
> Betrachten Sie das Fazit Ihrer Arbeit als einen Textbaustein, der nicht nur zuletzt in Ihrer Arbeit steht, sondern der auch als letztes geschrieben werden sollte. Daraus ergibt sich die Möglichkeit, darüber nachzudenken, was genau mit der wissenschaftlichen Arbeit erreicht worden ist. Notieren Sie dazu diejenigen Ergebnisse, die sie als besonders wichtig erachten. Listen Sie dann offene Punkte auf und entlassen Sie den Leser mit einigen unbeantworteten Fragen, die mit der Möglichkeit zusätzlicher wissenschaftlicher Arbeit einhergehen.

Ergebnisse schriftlich niederlegen 6

6.1 Zielgruppengerechtes Schreiben

Bei den meisten wissenschaftlichen Arbeiten ist das entstandene Manuskript der einzige Kontaktpunkt zwischen Verfasser und Leser. Auch wenn in bestimmten Arbeitsformen über die Einreichung eines Manuskriptes hinaus eine Präsentation und Diskussion der Arbeitsergebnisse erfolgt, kommt dem schriftlichen Niederlegen der Ergebnisse eine elementare Bedeutung zu. Das schriftliche Niederlegen der Gedanken stellt somit einen zentralen Aspekt des wissenschaftlichen Arbeitsprozesses dar. Schließlich kann der Leser weder die hinter dem Text stehenden gemachten, aber nicht niedergeschriebenen Gedanken erkennen, noch kann er den damit vorhandenen Aufwand bewerten. Vor diesem Hintergrund ist es die Aufgabe des Verfassers durch ein anforderungsgerechtes Schreiben die Qualität zu signalisieren, die die Inhalte verdienen. Qualität äußert sich dabei nicht nur durch Sorgfalt, beispielsweise in Form der Vermeidung von Flüchtigkeits-, Rechtschreib- und Grammatikfehlern, sondern auch in einem einer wissenschaftlichen Arbeit angemessenem Ausdruck und Schreibstil.

Über die Einhaltung derartiger Anforderungen an eine wissenschaftliche Ausarbeitung hinaus sollte ein Verfasser sich Gedanken über die Zielgruppe der Ausarbeitung machen. Häufig adressieren wissenschaftliche Arbeiten wie Seminar-, Haus- oder Abschlussarbeiten akademische Betreuer, die in der Regel Mitglied der wissenschaftlichen Gemeinschaft sind. Daher sollten die Ausarbeitungen im besten Falle nicht nur bekanntes Wissen replizieren, sondern darüber hinaus einen klaren Mehrwert für den wissenschaftlichen Diskurs bieten.

Weiterhin ist es aber häufig auch der Fall, dass neben wissenschaftlichem Fortschritt auch ein klarer Erkenntnisgewinn für die Praxis geschaffen werden soll – insbesondere bei eher praktisch motivierten Arbeiten (vgl. hierzu auch Abschn. 2.1). Solche Ergebnisse sind konkreter und stellen in der Betriebswirtschaftslehre beispielsweise Handlungsempfehlungen für die unternehmerische Praxis dar. In beiden Fällen erscheint es wichtig, dass die Ergebnisse mit einer adäquaten Methodik erzielt wurden. Die anschauliche Darstellung und damit verbundene Nachvollziehbarkeit der Arbeitsschritte stellen daher bedeutende Aspekte einer hochqualitativen Arbeit dar.

Neben derartigen Selbstverständlichkeiten lässt sich Qualität auch an der Berücksichtigung des üblichen wissenschaftlichen Aufbaus erkennen. Dieser Aufbau findet in nahezu allen wissenschaftlichen Arbeiten Anwendung. Vor diesem Hintergrund ist es zu empfehlen, diese Bausteine auch in der eigenen Arbeit zu verwenden. So sollte eine Arbeit auf einem theoretischen Fundament basieren, das zu Beginn einer Arbeit geschaffen wird. Ferner sollten zentrale Begriffe geklärt werden, um ein gemeinsames Verständnis sicherzustellen. Argumentationen, die die Ergebnisse der wissenschaftlichen Arbeit stützen sollen, müssen logisch und strukturiert vorgenommen werden. Nicht zuletzt ist es auch erforderlich, dass der Studierende losgelöst von der gelesenen Literatur einen Text in eigenen Worten formuliert und diesem dadurch seinen eigenen persönlichen (Schreib-)Stil verleiht. Aus diesen Gründen umfassen die Übungen dieses Kapitels einerseits Instrumente und Methoden, welche es erlauben, eine erste sinnvolle Rohfassung der wissenschaftlichen Arbeit zu erstellen (beispielsweise Techniken zum freien Schreiben), und andererseits Techniken, welche dazu dienen können, die eigenen Argumente überzeugender zu fassen und zu präsentieren.

6.2 Übungen zur Vorbereitung der Rohfassung und zum freien Schreiben

Übung 60: Identifikation eines theoretischen Bezugsrahmens
Der theoretische Bezugsrahmen einer wissenschaftlichen Arbeit stellt einen wesentlichen Bestandteil der Arbeit dar. Er bildet einen Rahmen, auf den sich das Thema stützt und erlaubt eine systematisierte Betrachtungsweise der Problem- bzw. Fragestellung (vgl. Winter 2005, S. 57 ff.). Der theoretische Bezugsrahmen beinhaltet sowohl den aktuellen Forschungsstand zu dem zu bearbeitenden Themengebiet sowie bereits existierende theoretische Modelle und Definitionen von Begrifflichkeiten.

Hierdurch wird einerseits das grundlegende Verständnis für die zu untersuchende Problem- bzw. Fragestellung geschaffen und andererseits die Basis (genauer: der theoretische Anknüpfungspunkt) für eine eventuell geplante empirische Untersuchung beziehungsweise für die Entwicklung eines eigenen Modells gebildet. Die nachfolgende Übung soll die Suche nach einer für die wissenschaftliche Arbeit geeigneten Theorie erleichtern.

Umsetzung
Notieren Sie Ihr Thema und durchsuchen Sie nun die Literatur nach vorhandenen Theorien und Modellen, die zur Lösung Ihrer Problem- bzw. Fragestellung heran-

gezogen werden können. Achten Sie dabei insbesondere darauf, welche theoretischen Bezugspunkte zur Erklärung verwandter Phänomene herangezogen wurden und stellen Sie sich immer wieder die Frage, wie diese theoretischen Ansätze auf das Sie interessierende Phänomen angewendet werden könnten.

Übung 61: Identifikation relevanter Begriffe durch Mind-Mapping
Beim Erstellen einer wissenschaftlichen Arbeit ist es erforderlich, zentrale Begriffe zu klären, um ein gemeinsames Textverständnis zwischen Autor und Leser herzustellen (Winter 2005, S. 46). Hierbei stehen gerade Studierende häufig vor dem Problem, die zentralen Begriffe überhaupt erst zu identifizieren und in bestehende Hierarchien einzuordnen. Hierzu eignet sich insbesondere die Methode des Mind-Mapping mit mehreren Ästen bzw. Ebenen (vgl. Übung 40).

Umsetzung
Verwenden Sie das Thema Ihrer wissenschaftlichen Arbeit als Ausgangspunkt zur Identifizierung zentraler Begriffe. Notieren Sie das Thema zunächst auf einem Blatt Papier (1. Ebene). Identifizieren Sie nun alle in dem Titel enthaltenen Fachtermini und bilden Sie für jeden hiervon einen einzelnen Ast (2. Ebene). Zerlegen Sie nun die Begriffe auf der zweiten Ebene in weitere Unterbegriffe beziehungsweise Ebenen usw. Bei Unsicherheiten bezüglich bestimmter Begriffsdefinitionen sollten Sie ein Wörterbuch oder einen Thesaurus (Synonymlexikon) zur Hilfe nehmen (vgl. Abb. 3.3).

Übung 62: Abgrenzung von Begriffen durch die Methode der begründeten Auswahl
Nachdem alle zentralen Begriffe identifiziert und in eine Hierarchie gebracht worden sind, gilt es, diese auch zu definieren. Hierzu kann man einfache Lexika und Wörterbücher heranziehen. Mit der Methode der begründeten Auswahl (Winter 2005, S. 50) gelingt es herauszufinden, wie tiefgehend ein Begriff definiert werden muss, damit er als ‚wissenschaftlich' gelten kann.

Bei der Methode der begründeten Auswahl werden mindestens drei qualifizierte Sichtweisen zu einem ausgewählten Begriff recherchiert, von denen eine Sichtweise auf jeden Fall auch die überwiegende Lehrmeinung wiedergeben sollte. Nach einer strukturierten Gegenüberstellung und einem Vergleich der verschiedenen Sichtweisen anhand ihrer Qualität entscheidet man sich für eine dieser Sichtweisen und übernimmt die entsprechende Definition als Grundstein für die eigene Arbeit (vgl. das Beispiel in Abb. 6.1).

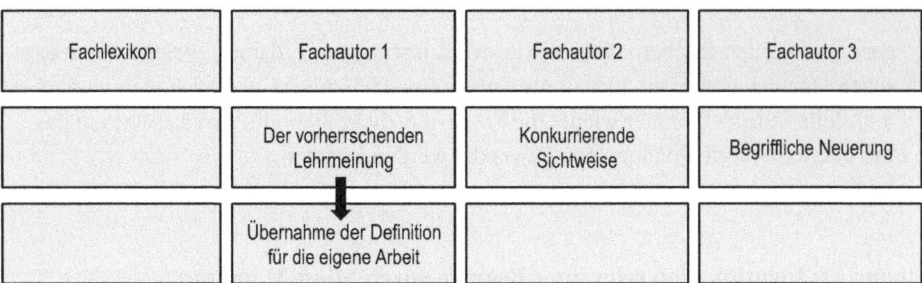

Abb. 6.1 Begründete Auswahl. (Winter 2005, S. 50)

Umsetzung
Recherchieren Sie mindestens drei verschiedene Sichtweisen zu jedem Begriff, den Sie zuvor als zentralen Begriff identifiziert haben, und treffen Sie anschließend – mittels der Methode der begründeten Auswahl – eine Entscheidung, welche dieser Sichtweisen sich am besten für die weitere Erstellung Ihrer wissenschaftlichen Arbeit eignet.

Übung 63: Abgrenzung von Begriffen mittels Synopse und Synthese
Mittels Synopse und Synthese (Winter 2005, S. 51) können – ähnlich wie mit der Methode der begründeten Auswahl (vgl. hierzu Übung 62) – zentrale Begriffe abgegrenzt und eine akzeptable Definition für die eigene Arbeit gefunden werden. Bei dieser Methode werden in einem ersten Schritt (Synopse, das heißt, eine vergleichende Übersicht) möglichst viele unterschiedliche Sichtweisen zu einem ausgewählten Begriff recherchiert und anhand eigens definierter Kriterien einander gegenübergestellt. Hierdurch erlangt der Leser einen ersten Überblick über die Vielfalt und Komplexität der Terminologie. Im Anschluss (Synthese, das heißt, Verknüpfung) wird aus diesen zahlreichen unterschiedlichen Definitionen eine eigene neue Definition abgeleitet bzw. entwickelt (vgl. Abb. 6.2).

Umsetzung
Nachdem Sie die zentralen Begriffe Ihrer Arbeit identifiziert haben (vgl. hierzu auch Übung 62), recherchieren Sie zu jedem dieser Begriffe so viele Definitionen wie möglich und stellen diese strukturiert einander gegenüber. Entwickeln Sie auf dieser Basis anschließend eine für Ihre Arbeit geeignete eigene Definition.

Übung 64: Vorbereitung der Rohfassung durch Formulierung zentraler Fragen
Bevor mit dem Niederschreiben der Ergebnisse (Rohfassung) begonnen wird, sollte man noch einmal für sich selber kurz illustrieren, was man genau in seiner wissenschaftlichen

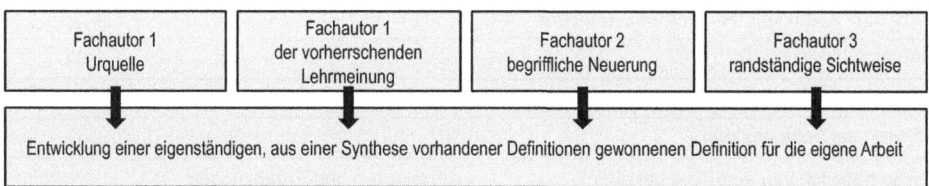

Abb. 6.2 Synopse und Synthese. (Winter 2005, S. 51)

Arbeit sagen möchte und wie diese einzelnen zentralen Aussagen untereinander zusammenhängen. Dies erreicht man durch das Formulieren und Beantworten zentraler Fragen an den eigenen Text.

Umsetzung
Überlegen Sie sich, welchen Zielgruppen Sie was genau mit Ihrer Arbeit mitteilen möchten und formulieren Sie auf dieser Basis zentrale Fragestellungen. Beantworten Sie anschließend diese Fragen und stellen Sie mit Hilfe einer Mind-Map (vgl. Übung 40) die Struktur des Textinhalts dar. Formulieren Sie danach erneut Fragen, diesmal jedoch an den Inhalt einzelner Kapitel oder Abschnitte. Nutzen Sie diese Fragen als Leitfragen, die Sie dann im Lauf der Erstellung der Rohfassung beantworten.

Übung 65: Freies Schreiben
Das freie Schreiben stellt eine Variante der Methode des Brainstormings dar (vgl. hierzu Übung 6), mit der sich lernen lässt, Abstand zu einem gelesenen Text zu gewinnen, ihn in eigenen Worten wiederzugeben und die zentralen Aussagen des Textes in eine Struktur zu bringen (Pyerin 2001, S. 58 f.). Die Methode des freien Schreibens erleichtert das Erzeugen von Analogien und Metaphern, was wiederum dazu verhilft, sich präziser auszudrücken. Dadurch gelingt es, losgelöst von sämtlicher gelesener Literatur den eigenen Schreibprozess in Gang zu bringen.

Umsetzung
Schreiben Sie fünf Minuten lang alles auf, was Ihnen spontan zu dem Thema Ihrer wissenschaftlichen Arbeit oder zu einem bestimmten Kapitel einfällt. Achten Sie darauf, dass Sie schnell schreiben und Ihre eigenen Ideen und Assoziationen nicht überdenken, hinterfragen, zensieren oder korrigieren. Abschließend können Sie die so entstandenen Textteile überarbeiten.

Tab. 6.1 Zwei-Spalten-Methode. (Boeglin 2007, S. 112)

Autor:	
Titel:	
Seiten der Textpassage:	
Was habe ich von dem Text behalten?	Korrekturen und Ergänzungen

Übung 66: Freies Schreiben mittels Zwei-Spalten-Methode
Angesichts der Fülle an Informationen in manchem Text fühlen sich gerade unerfahrene Leser wissenschaftlicher Literatur leicht erschlagen und damit unfähig, Abstand zum Text zu gewinnen. Beim Lesen eines Textes erscheint es dann oft unmöglich, das Gelesene mit eigenen Worten wiederzugeben. Distanz ist jedoch eine unabdingbare Voraussetzung für kritisches Lesen. Mit Hilfe der Zwei-Spalten-Methode können Studierende lernen, wie man Abstand zu einem Text gewinnt, Assoziationen zu ihm entwickelt, das Wesentliche herausfiltert und mit eigenen Worten verständlich zusammenfasst.

Bei der Zwei-Spalten-Methode wird ein Text (in Abschnitten) gelesen und anschließend vollständig beiseitegelegt. Im nächsten Schritt wird ein Blatt Papier (im Querformat) gemäß Tab. 6.1 gestaltet. Anschließend trägt man in die linke Spalte ein, was von dem zuvor gelesenen Text behalten wurde. Dabei ist es wichtig, den Text in einem zügigen Tempo niederzuschreiben. Im Anschluss wird der Originaltext neben den selbst geschriebenen Text gelegt und es werden Korrekturen und Ergänzungen in die rechte Spalte eingetragen. Die so entstandenen Auszüge können als Grundlage der Rohfassung der eigenen Arbeit dienen.

> **Umsetzung**
> Geben Sie den Inhalt Ihrer ausgewählten Literatur mittels der Zwei-Spalten-Methode schriftlich wieder.

Übung 67: Freies Schreiben mittels Clustering
Die Methode des Clusterings wurde bereits ausführlich in Kap. 2.2 (Übung 7) erläutert und kann nicht nur zur Themenfindung, sondern auch zum Erlernen des freien Schreibens herangezogen werden.

> **Umsetzung**
> Notieren Sie einen zentralen Begriff Ihrer Arbeit in der Mitte eines Blattes Papier. Schreiben Sie anschließend etwa vier bis fünf Minuten lang alle Assoziationen nie-

der, die Ihnen zu dem zentralen Begriff einfallen, ohne diese zu überdenken, zu hinterfragen, zu zensieren oder zu korrigieren. Um jeden neuen Begriff ziehen Sie einen Kreis und entwickeln ausgehend von diesem Begriff neue Assoziationen, die Sie dann mit einem Pfeil mit dem vorherigen Begriff verbinden. Auf diese Weise erweitern Sie Ihr Cluster solange, bis alle aufeinander folgenden Assoziationen erschöpft sind. Anschließend lassen Sie das erstellte Cluster einige Minuten auf sich wirken und wählen schließlich ein Element aus, zu dem Sie einen Clustertext verfassen, der das Ergebnis dieses kreativen Prozesses in ganzen Sätzen wiedergibt. Nehmen Sie solange Korrekturen vor, bis Sie mit Ihrem Text zufrieden sind.

Übung 68: Freies Schreiben mittels Assoziogramm
Mit Hilfe eines Assoziogramms (Boeglin 2007, S. 116 ff.) können die Verbindungen eines zentralen Begriffs zu anderen ähnlichen, ergänzenden oder konträren Begriffen visuell dargestellt und damit bewusst gemacht werden. Zur Erstellung eines solchen Assoziogramms wird ein zentraler Begriff in die Mitte eines Blattes geschrieben. Ausgehend von diesem zentralen Begriff werden Linien nach außen gezogen. Am Ende jeder Linie sollen Begriffe notiert werden, die mit dem Ausgangsbegriff assoziiert werden.

Umsetzungsvariante 1
Lesen Sie einen Text und legen Sie ihn anschließend beiseite. Danach nehmen Sie ein Blatt in Querformat und notieren die Überschrift des gelesenen Abschnitts. Hat der Abschnitt keine Überschrift, können Sie ihm selber eine geben. Im nächsten Schritt nehmen Sie sämtliche Assoziationen auf, die der Text bei Ihnen auslöst und erstellen auf dieser Basis ein Assoziogramm. Mit Hilfe des Assoziogramms formulieren Sie abschließend einen kurzen Text.

Umsetzungsvariante 2
Lesen Sie einen Text und unterstreichen Sie dabei alle zentralen und/oder kritischen Begriffe. Wählen Sie anschließend fünf Begriffe aus, zu denen Sie all Ihre Assoziationen mit Hilfe eines Assoziogramms niederschreiben. Verfassen Sie abschließend einen kurzen Text auf Basis des erstellten Assoziogramms.

Übung 69: Freies Schreiben durch Formulierung von Kernaussagen
Zu Beginn der wissenschaftlichen Arbeit wird der aktuelle Forschungsstand zum gewählten Thema aufgearbeitet; es werden die wesentlichen sich im Laufe der Zeit herausgebildeten Positionen identifiziert und einander gegenübergestellt. Darüber hinaus werden

wahrscheinlich auch empirische Daten verwendet und analysiert. All dies erfolgt zu einem großen Teil auf der Basis von Zusammenfassungen fremder Texte sowie mit Hilfe von Paraphrasen und Zitaten (Beinke et al. 2008, S. 57 ff.). Beim Zusammenfassen der gelesenen Literatur werden jedoch nur solche Aussagen wiedergegeben, die für die eigene Arbeit relevant sind. Die Gedanken eines fremden Textes werden umformuliert und in den eigenen Text integriert. Die folgende Übung verhilft dazu, den Text mit einem gewissen Abstand zu betrachten und seine wesentlichen Aussagen effektiv und mit eigenen Worten zusammenzufassen.

> **Umsetzung**
> Nehmen Sie einen fremden Text zur Hand, den Sie für die Erstellung Ihrer wissenschaftlichen Arbeit verwenden möchten. Lesen Sie den Text aufmerksam durch und markieren Sie dabei die zentralen Begriffe. Anschließend formulieren Sie zu jedem Absatz eine Überschrift. Im nächsten Schritt lesen Sie den Text erneut durch, wobei Sie Ihr Augenmerk jedoch hauptsächlich auf die markierten Begriffe und die zuvor formulierte Überschrift legen.
>
> Fassen Sie nun mit eigenen Worten die Kernaussagen der Absätze zusammen und achten Sie dabei darauf, dass Sie nur das Wesentliche (und nicht sämtliche im Text enthaltene Informationen) wiedergeben. Als nächstes werden die niedergeschriebenen Kernaussagen zu einem zusammenhängenden Text zusammengefasst. Formulieren Sie abschließend eine eigene Stellungnahme bezüglich des gelesenen Textes. Beachten Sie dabei, dass Sie Ihre Stellungnahme ausreichend begründen und belegen.

6.3 Übungen zum Argumentieren

Übung 70: Nachvollziehen von Argumentationen
Zu Beginn einer wissenschaftlichen Arbeit muss der aktuelle Forschungsstand aufbereitet und wiedergegeben werden. Dies beinhaltet auch, dass Studierende die verschiedenen in der Literatur vorherrschenden Positionen aufbereiten, sie einander gegenüberstellen und anschließend kritisch Stellung dazu beziehen. Voraussetzung hierfür ist jedoch, dass man in der Lage ist, die Argumentation eines Autors nachzuvollziehen und seine darauf basierende Position kritisch zu hinterfragen (Beinke et al. 2008, S. 100 f.).

Um die Argumentation in einem Text kritisch beurteilen zu können, ist es notwendig, den Aufbau dieser Argumentation nachzuvollziehen. In diesem Zusammenhang hilft die folgende Übung dabei, zu lernen, die Argumentation eines fremden Autors zu rekonstruieren.

6.3 Übungen zum Argumentieren

> **Umsetzung**
> Referieren Sie die Positionen mehrerer Autoren und ordnen Sie die Positionen entsprechend Ihrer Unterschiede und Gemeinsamkeiten. Setzen Sie sich anschließend kritisch mit den Positionen auseinander, indem Sie einerseits die Argumente und ihre Konsequenzen auf ihre Stichhaltigkeit hin überprüfen und andererseits sich mithilfe weiterer Literatur kritisch mit den Autoren auseinandersetzen sowie die verwendeten Quellen überprüfen.

Übung 71: Verständliche Ausdrucksweise

Nicht selten bestehen wissenschaftliche Texte aus komplizierten, stark verschachtelten und unübersichtlichen Sätzen. Um dies zu vermeiden, ist es hilfreich, gerade nicht zugängliche Texte bewusst zu vereinfachen und derart zu lernen, sich in eigenen Worten verständlich auszudrücken. Dies kann beispielsweise daran geübt werden, Gesetzestexte in leserfreundlichen Worten auszudrücken, wie etwa diesen Texten aus dem Strafgesetzbuch (Burchert und Sohr 2008, S. 129):

1. Diebstahl: „Wer eine fremde bewegliche Sache einem anderen in der Absicht wegnimmt, dieselbe sich rechtswidrig anzueignen, wird wegen Diebstahls bestraft."
2. Raub: „Wer mit Gewalt gegen eine Person oder unter Anwendung von Drohungen mit gegenwärtiger Gefahr für Leib und Leben eine fremde bewegliche Sache einem anderen in der Absicht wegnimmt, sich dieselbe selbst rechtswidrig anzueignen, wird wegen Raubes bestraft."
3. Unterschlagung: „Wer eine fremde bewegliche Sache, die er im Besitz oder im Gewahrsein hat, sich rechtswidrig aneignet, wird wegen Unterschlagung bestraft."

> **Umsetzung**
> Wählen Sie eine Reihe unterschiedlicher Texte von unterschiedlicher Komplexität. Übertragen Sie diese dann in eine leserfreundliche Variante, um Ihre Argumentationsfähigkeiten zu schulen.

Übung 72: Identifikation des Argumentationsganges

Die Vorgehensweise beim Argumentieren ist immer auch abhängig von dem gewählten Thema und dem verfolgten Ziel. So sind zu einem Thema viele unterschiedliche Textverläufe möglich. Um sich für einen Gang des Argumentationsverlaufs zu entscheiden, sollten Thema und Textinhalt zuvor zuverlässig analysiert werden.

> **Umsetzung**
> Bevor Sie sich für den Gang einer Argumentation entscheiden, beantworten Sie folgende Fragen möglichst detailliert (Bünting et al. 2006):
> 1. Was ist das Textziel?
> 2. Was ist der Textinhalt? Warum wird was eingegrenzt?
> 3. Was gehört nicht zum Textinhalt?
> 4. Wie ist die Struktur des Themas?
> 5. Welcher Teil des Textinhalts ist ein geeigneter Zielpunkt?
> 6. Welcher Teil des Textinhalts ist ein geeigneter Anfangspunkt?

Übung 73: Überprüfung von Hypothesen mittels eines Pro- und Contra-Dialoges
Ein Pro- und Contra-Dialog (Esselborn-Krumbiegel 2008, S. 49) stellt eine Methode dar, um die eigene Position und die damit zusammenhängende erforderliche Argumentation zu hinterfragen. Es wird geklärt, was für die Position spricht und was dagegen. Argumente für die Position sollten möglichst unmittelbar mit der Frage nach möglichen Gegenargumenten konfrontiert werden. Das Verfahren schärft das logische Denken, deckt Schwachstellen bei der eigenen Argumentation auf und verdeutlicht, wie einzelne Argumente miteinander zusammenhängen. Voraussetzung für die Anwendung dieser Methode ist jedoch, dass der Studierende bereits eine vorläufige Version seines Textes erstellt und eine (vorläufige) Position entwickelt hat. Mittels der nachfolgenden Übung sollen die Studierenden durch die Prüfung der Argumente erfahren, wie stichhaltig ihre bis dato entwickelte Position ist.

> **Umsetzung**
> Stellen Sie sowohl Pro- als auch Contra-Fragen an Ihre entwickelte Position und Argumentation und stellen Sie die Antworten in einer zweispaltigen Tabelle gegenüber.

Übung 74: Wissenschaftliches Argumentieren mit Hilfe des Waage-Modells
Um wissenschaftlich argumentieren zu können, müssen die Studierenden wissen, aus welchen Bestandteilen die Argumentation einer Arbeit besteht und wie sie diese miteinander zu verknüpfen haben. Das Waage-Modell bietet eine Hilfestellung zur Ausarbeitung einer ausgeglichenen Argumentation an (Esselborn-Krumbiegel 2008). Eine Waage besteht aus zwei Waagschalen, einem Balken und einem Sockel. In einer Waagschale ruht eine Hypothese, die andere Waagschale wird mit entsprechenden Belegen gefüllt. Der Studierende muss zunächst festlegen, welche Hypothesen er in seiner Arbeit aufstellen und wie er diese stützen möchte. Die Argumentation baut auf einer bereits vorhandenen Materialbasis auf, die im Waage-Modell durch den Sockel repräsentiert wird. Die beiden Waagschalen werden durch den sogenannten Balken miteinander verbunden. Er sorgt dafür, dass die

Waage funktioniert. Der Balken entspricht im übertragenen Sinne der der wissenschaftlichen Arbeit zugrunde liegenden Methode. Sie verdeutlicht dem Leser, auf welcher wissenschaftlichen Grundlage das Material bearbeitet wird. Ziel ist es, die Waage ins Gleichgewicht zu bringen, das heißt, das Gleichgewicht darf nicht gestört sein. Weder dürfen sich zu viele Hypothesen in der einen und zu wenige Belege in der anderen Waagschale befinden noch darf sich in einer Waagschale zu viel interpretiertes Material befinden, während allerdings zu wenig Hypothesen daraus abgeleitet werden. Die nachfolgende Übung soll den Studierenden eine logische, inhaltlich aufbauende und zielorientierte Gedankenzusammenstellung beziehungsweise Argumentation erleichtern.

Umsetzung
Versuchen Sie mit Hilfe des Modells der Waage ein Exposé Ihrer wissenschaftlichen Arbeit zu schreiben. Formulieren Sie zuerst die Frage- oder Problemstellung, die Sie in Ihrer wissenschaftlichen Arbeit beantworten möchten. Stellen Sie danach das vorhandene Material vor, welches den Grundstein für Ihre Untersuchung bildet, und begründen Sie Ihre Materialauswahl. Erläutern Sie anschließend, welche Methode Sie verwenden möchten, um Antworten auf Ihre gestellte Frage zu erlangen. Formulieren Sie dann erste Hypothesen und deuten Sie dabei bereits an, durch welche Beobachtungen am Material Sie diese Hypothesen belegen können. Auf diese Weise entsteht ein erster Textentwurf im Rahmen der Erstellung Ihrer Rohfassung.

Übung 75: Argumentationsketten
Um im Rahmen der Erstellung einer wissenschaftlichen Arbeit eine Hypothese zu be- oder widerlegen, bedarf es möglichst mehrerer Argumente. Die Verknüpfung mehrerer Argumente zu einer Argumentation stellt entsprechend eine Argumentationskette dar. Unter den Argumentationsketten unterscheidet man verschiedene Vorgehensweisen (Pyerin 2001, S. 138 f.):

1. Dreifache Begründung:
   - Ich stelle folgende Hypothese auf, und dafür nenne ich drei Gründe:
     Erstens zeigt eine einfache Beobachtung, dass ...
     Zweitens haben wir folgende Tests gemacht ...
     Drittens ergibt die Teststatistik, dass ...
   - Es scheint also lohnend, eine umfassende Untersuchung vorzunehmen.
2. Einerseits und andererseits:
   - Das ist die Interpretation von A
   - Einerseits spricht dafür, dass ...
   - Andererseits spricht dagegen, dass ...
   - A hat Folgendes übersehen
   - Wird es berücksichtigt, führt das zu folgender Interpretation

3. Nicht A, nicht B, sondern C:
   - Hypothese A besagt, dass …
   - Sie ist wie folgt begründet …
   - Hypothese B hingegen besagt, dass…
   - …, weil …
   - In beiden Hypothesen ist nicht berücksichtigt, dass …
   - Daraus folgt nunmehr, dass …
4. Gründe und Gegengründe abwägen:
   - A schlägt folgenden Lösungsweg vor … (These)
   - Er begründet das mit …
   - Dagegen spricht jedoch, dass … (Antithese)
   - Wägt man beides ab, dann … (Prozess der Synthese)
   - Daraus lässt sich schließen, dass … (Synthese als Ergebnis)
5. Zusammenfassung und Kompromiss:
   - These A besagt, dass …, und zielt dabei auf …
   - These B besagt, dass …, und zielt dabei auf …
   - Beide liegen im Kern richtig, denn …
   - Im Hinblick auf die verfolgte Fragestellung kommt es darauf an, dass …
   - Deshalb können wichtige Teile von A und B miteinander verbunden werden, indem wir …

> **Umsetzung**
> Formulieren Sie eine Hypothese zu dem Thema Ihrer wissenschaftlichen Arbeit und sammeln Sie zunächst sämtliche Argumente mittels Clustering oder Mind-Mapping. Wählen Sie anschließend eines der fünf vorgestellten Argumentationsmuster aus und formulieren Sie darauf aufbauend einen kurzen Text.

Übung 76: Wissenschaftliche Argumentation mit Hilfe der Fünfsatz-Methode
Der Aufbau einer Argumentation kann nicht nur mit Hilfe von Argumentationsketten, sondern auch mit den sogenannten Fünfsatz-Methoden vorgenommen werden (Kropp 2010, S. 43 ff.). Hierzu zählen im Einzelnen folgende Formeln (vgl. Abb. 6.3, 6.4, 6.5 und 6.6):

Standpunktformel
1. Den eigenen Standpunkt formulieren (St)
2. Begründungen vortragen (Bg)
3. Beweise wie Beispiele und Fakten geben (BW)
4. Schlussfolgerungen (Sch)
5. Aufforderung zum Handeln (H)

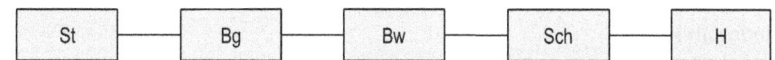

Abb. 6.3 Standpunktformel. (Kropp 2010, S. 43)

Abb. 6.4 Dialektik-Formel. (Kropp 2010, S. 43)

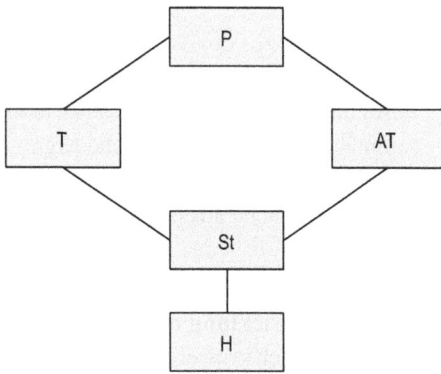

Dialektik-Formel
1. Das Problem präsentieren (P)
2. Eine Lösungsthese anbieten und eine Lösungsalternative in Form einer Antithese gegenüberstellen (T und AT)
3. Einen Lösungsvorschlag in Form einer Synthese entwickeln (St)
4. Eine Handlungsaufforderung formulieren (H)

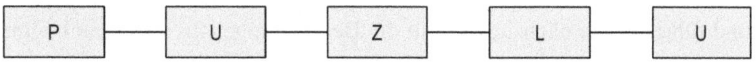

Abb. 6.5 Problemlösungsformel. (Kropp 2010, S. 43)

Problemlösungsformel
1. Das Problem identifizieren (P)
2. Mögliche Ursachen analysieren (U)
3. Das Ziel verdeutlichen (Soll-Analyse) (Z)
4. Geeignete Lösungsvorschläge finden (L)
5. Zur Umsetzung des Lösungsvorschlages auffordern (U)

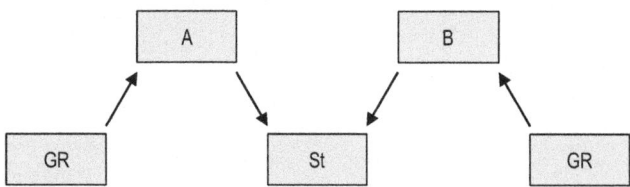

Abb. 6.6 Vergleichsformel. (Kropp 2010, S. 43)

Vergleichsformel
1. Einen Standpunkt A herausbilden, begründen und beweisen (A und GR)
2. Einen Standpunkt B mit Begründung und Beweisführung gegenüberstellen (B und GR)
3. Einen eigenen und neuen Standpunkt gegenüberstellen (St)

Umsetzung
Formulieren Sie eine Hypothese zu dem Thema Ihrer wissenschaftlichen Arbeit und sammeln Sie zunächst sämtliche Argumente mittels Clustering oder Mind-Mapping. Wählen Sie anschließend eine der vier vorgestellten Argumentationsformeln der Fünfsatz-Methode aus und formulieren Sie darauf aufbauend einen kurzen Text.

Übung 77: Entwicklung einer eigenen Position
Nachdem man sich kritisch mit den Positionen und Argumentationen anderer Autoren auseinandergesetzt hat, gilt es, eine eigene Position zu dem gewählten Thema zu entwickeln. Dies wird jedoch in der Regel erst bei Abschlussarbeiten oder fortgeschrittenen Hausarbeiten und seltener bei Seminararbeiten verlangt. Grundlegende Voraussetzung hierfür ist ein ausreichendes Fachwissen, über das der Studierende verfügen muss (Beinke et al. 2008, S. 105). Auf dieser Basis kann man dann zu einer eigenen Position gelangen, indem man beispielsweise bereits existierende wissenschaftliche Erkenntnisse auf neue Sachverhalte überträgt oder empirisch erhobene Daten analysiert. Die gewonnenen Erkenntnisse werden jedoch nicht direkt niedergeschrieben; vielmehr ist es erforderlich, dass die Studierenden auch detailliert beschreiben, wie sie zu ihrer Position gelangt sind. Hierzu gibt es prinzipiell zwei verschiedene Vorgehensweisen: Man nennt zuerst nur seine gewonnene Erkenntnis und führt erst im nächsten Schritt die Begründungen an oder man beginnt seinen Text mit einer Frage-/Problemstellung oder Hypothese, beschreibt und begründet mögliche Ergebnisse und schließt den Text mit einer daraus entwickelten eigenen Position ab.

Umsetzung
Entwickeln Sie eine eigene Position zu Ihrem Thema und beschreiben sowie belegen Sie, wie Sie zu dieser Erkenntnis gelangt sind. Setzen Sie sich anschließend mit möglichen Einwänden gegen Ihre Position auseinander und versuchen Sie, diese mit Hilfe der Literatur begründet zu widerlegen. Entscheiden Sie sich dann, auf welche Art Sie Ihren Erkenntnisgewinn schriftlich niederlegen möchten.

7 Quellen offenlegen

7.1 Von der Bedeutung korrekten Zitierens

Wissenschaftliches Arbeiten bedeutet stets präzises Arbeiten. Dies gilt auch bei der Adaption von Aussagen oder Gedankengängen anderer Autoren, welches bei der Erstellung einer wissenschaftlichen Arbeit einen wesentlichen Bestandteil darstellt. Im Laufe der Erstellung einer wissenschaftlichen Arbeit sollten Studierende zwar eine eigene Position entwickeln, die sich jedoch nicht auf ‚leere' Behauptungen stützt, sondern auf bereits vorhandene Erkenntnisgewinne aus fremden Quellen. Insbesondere zu Beginn einer wissenschaftlichen Arbeit muss der Studierende eine große Menge an Literatur lesen, den Status quo sowie sich bis dato bereits herausgebildete Positionen und empirische Daten aufarbeiten. Sämtliche Literatur, die der Studierende hierzu heranzieht, muss eindeutig zitiert und im Literaturverzeichnis aufgeführt werden. Dies hat zum einen den Grund, dass das Geschriebene für andere Leser nachvollziehbar und überprüfbar gemacht werden muss. Den Lesern, die die Arbeit weiterverwenden möchten, muss es möglich sein, sämtliche getroffenen Aussagen und Hypothesen überprüfen zu können. Darüber hinaus soll die wissenschaftliche Arbeit eine eigenständig erbrachte Leistung des Studierenden darstellen. Nur durch die Angabe von zitierten Stellen kann die Eigenleistung überprüft werden. Nicht zuletzt gilt das Übernehmen und Nicht-Kennzeichnen fremder Aussagen und Gedankengänge als Plagiat, das heißt, als Diebstahl geistigen Eigentums, was entsprechend strafbar ist. Das Auffinden von Plagiaten wird mittlerweile durch die Einführung von Plagiatssoftware erheblich erleichtert, mit deren Hilfe eine Vielzahl wissenschaftlicher Quellen sowie Populärliteratur und Internetseiten durchsucht werden können. Meistens bedarf es jedoch nicht einmal dieser Plagiatssoftware.

Häufig fällt dem geschulten Leser ein Plagiat schon allein durch sogenannte Stilbrüche auf. Eine wissenschaftliche Arbeit ist nämlich immer auch durch den persönlichen (Schreib-)Stil des Autors geprägt. Wörtlich übernommene und nicht gekennzeichnete fremde Textstellen sind in der Regel in Bezug auf den eigenen Kontext nicht kritisch hinterfragt und passen von daher sowohl stilistisch als auch inhaltlich nicht vollkommen in den eigenen Text. Dass Plagiieren kontraproduktiv ist und nur zu einem Nachteil des Autors führen kann, zeigen beispielsweise auch die Rücktritte von bis dato hoch angesehenen deutschen Politikern im Jahr 2011, deren Dissertationsschriften als Plagiate entlarvt wurden. Eine präzise Offenlegung und Angabe aller verwendeten Quellen ist also unumgänglich.

Grundsätzlich wird zwischen den beiden Zitierformen des direkten und indirekten Zitierens unterschieden. Die entsprechenden Quellenverweise erfolgen dabei grob gesprochen nach der amerikanischen oder nach der deutschen Zitierweise. Während bei der amerikanischen Zitierweise die Quellenangabe in den Fließtext eingebaut wird, erfolgt bei der deutschen Zitierweise die Angabe der Quelle in der Fußnote. Wie solche Zitate formal richtig durchgeführt werden, kann an dieser Stelle nicht diskutiert werden. Je nach Hochschule, Betreuer oder auch Publikationsorgan, wofür geschrieben wird, unterscheiden sich diese so stark, dass es wenig sinnvoll ist, in diesem Kapitel exemplarisch Formatvorschriften zu diskutieren. Wichtiger ist sicherlich, dass korrekt und ‚gut' zitiert wird (vgl. Tab. 7.1), das heißt, dass Zitate nicht nur formal richtig durchgeführt werden, sondern auch im Sinne der Nachvollziehbarkeit der Argumentation zielführend eingesetzt werden.

Harzing (2002) gibt dazu einige Hinweise, welche in Tab. 7.1 aufgeführt sind. Diese Hinweise gehen aus von der Beobachtung, dass nicht nur in Qualifikationsschriften, sondern auch in der wissenschaftlichen Literatur oftmals falsch zitiert wird. Falsch bedeutet dabei nicht, dass plagiiert wird, falsch deutet in diesem Kontext vielmehr an, dass Zitate nicht das erreichen, was sie sollen, nämlich eine Aussage glaubwürdig zu stützen. So sollte man es vermeiden, Quellen nicht vom Original zu zitieren, sondern aus einem anderen Zitat heraus (sogenannte Blindzitate), um das ‚Stille Post'-Phänomen zu vermeiden. Es lassen sich in der Literatur etliche Beispiele für Verzerrungen finden, die auf solchen

Tab. 7.1 Zwölf Hinweise zum guten Zitieren (in Anlehnung an Harzing 2002)

1.	Geben Sie nur korrekte Zitate an
2.	Beziehen Sie sich dabei auf die korrekte Publikation
3.	Verwenden Sie keinen ‚leeren' Quellen
4.	Verwenden Sie verlässliche Quellen
5.	Verwenden Sie verallgemeinerbare Quellen, um verallgemeinerte Aussagen zu treffen
6.	Geben Sie den Inhalt einer Quelle nicht verfälscht wieder
7.	Machen Sie deutlich, welche Ihrer Aussagen das Zitat stützen soll
8.	Überprüfen Sie das Original – keine Blindzitate
9.	Zitieren Sie keine Quellen, die nicht mehr aktuell sind
10.	Seien Sie nicht übermäßig beeindruckt von Publikationen in hochrangigen wissenschaftlichen Zeitschriften
11.	Versuchen Sie nicht, widersprüchliche Quellen ‚weg zu argumentieren'
12.	Suchen Sie aktiv nach Gegenbeweisen

Blindzitaten beruhen – teilweise werden ganze Diskussion um angebliche Aussagen kanonischer Autoren geführt, die sich so in den Ursprungsquellen nicht auffinden lassen.

Ein ebenfalls beliebter Fehler ist es, einem wissenschaftlichen Ergebnis mehr Bedeutung einzuräumen, als es wirklich hat – so beispielsweise wenn eine Studie südkoreanischer, mittelständischer Unternehmen herangezogen wird, um ein Phänomen oder eine Lösung als grundsätzlich zu behaupten, während der Kontext der Ausgangsstudie eben nur begrenzt verallgemeinerbar ist.

7.2 Übungen zum Paraphrasieren und korrekten Zitieren

Übung 78: Paraphrasieren und indirektes Zitieren
Paraphrasieren beziehungsweise indirektes Zitieren ist ein Verfahren, bei dem der Autor Gedankengänge und Aussage anderer referiert. Dabei wird die Aussage oder der Gedankengang nicht wortwörtlich, sondern nur dem Sinn nach wiedergegeben. Die Herausforderung beim indirekten Zitieren liegt darin, den Textinhalt eines Autors durch eigene Worte in den eigenen erstellten Kontext zu integrieren, ohne der Aussage damit einen anderen (verfälschten) Sinn zu verleihen. Indirekte Zitate werden in der Quellenangabe durch das vorangestellte Wort ‚vgl.' für ‚vergleiche' oder gegebenenfalls auch durch ‚in Anlehnung an' gekennzeichnet. Die folgenden Übungen sollen Studierenden helfen, die Position eines Autors sinngemäß wiederzugeben und die Kernaussage herauszukristallisieren, ohne das Gemeinte zu verfälschen.

> **Umsetzung**
> Markieren Sie beim Lesen der Literatur Textstellen, die Sie für Ihre eigene wissenschaftliche Arbeit verwenden möchten. Handelt es sich um lange und komplexe Textpassagen, die Sie übernehmen möchten, so skizzieren Sie den schematischen Aufbau des Textes. Dies hilft Ihnen dabei, einen Überblick über die Kernaussagen des Textes zu behalten. Machen Sie sich anschließend die Bedeutung der in dem Text verwendeten Kernbegriffe bewusst und prüfen Sie, ob diese gegebenenfalls von Ihrem Begriffsverständnis abweichen. Um ausreichenden Abstand zu der Formulierung des zu zitierenden Autors zu gewinnen, legen Sie nun die gelesene Literatur beiseite und geben Sie die Kernaussagen des Textes mit eigenen Worten wieder.

Übung 79: Direktes, wörtliches Zitieren
Ein direktes Zitat bedeutet die wörtliche Wiedergabe einer einzelnen Aussage oder eines ganzen Textabschnittes sowie deren Übernahme in die eigene wissenschaftliche Arbeit. Solche wörtlichen Übernahmen erfolgen nicht nur buchstaben- und zeichengetreu; selbst veraltete und sogar fehlerhafte Formulierungen werden übernommen. Um sich nicht dem Vorwurf auszusetzen, den Fehler erst durch fehlerhafte Übernahme generiert zu haben,

kann die entsprechende Stelle im Text durch ‚[sic]', die lateinische Wendung für ‚wirklich so', gekennzeichnet werden. Darüber hinaus werden direkte Zitate mit Anführungszeichen zu Beginn sowie am Ende der zitierten Stelle versehen. Der entsprechende Quellenverweis beginnt direkt mit dem Namen des Autors ohne vorangehende Abkürzungen oder Bemerkungen. Direkte Zitate sollten nur sparsam verwendet werden. Sie eignen sich insbesondere dann, wenn eine Umformulierung nicht zweckmäßig ist, beispielsweise bei Definitionen, bei Bonmots oder wenn eine Verfälschung des Sinns wahrscheinlich wäre. Wie beim Paraphrasieren ist auch bei der Verwendung direkter Zitate darauf zu achten, dass das vom zitierten Autor Gemeinte durch die Integration dieser Aussage in einen neuen Kontext nicht verfälscht wird. Mit Hilfe der folgenden Übung sollen die Studieren lernen, direkte Zitate gemäß den Vorgaben Ihres Lehrstuhls korrekt anzuführen.

Umsetzung
Informieren Sie sich über die Vorgaben Ihres zuständigen Lehrstuhls zum wissenschaftlichen Arbeiten beziehungsweise zur korrekten Zitierweise. Zitieren Sie anschließend folgende Originaltexte. Erstellen Sie dazu den Quellenverweis (je nach Vorgabe des Lehrstuhls entweder nach der amerikanischen oder nach der deutschen Zitierweise) sowie das Literaturverzeichnis. Recherchieren Sie eventuell fehlende Informationen nach.

Originaltext 1:
„Die Finanzierung eines jeden Unternehmens speist sich in Reinform aus zwei unterschiedlichen Quellen: dem Eigenkapital und dem Fremdkapital."

Autor	Tobias Kollmann / Andreas Kuckertz
Titel des Buches	E-Venture-Capital: Unternehmensfinanzierung in der Net Economy – Grundlagen und Fallstudien
Jahr	2003
Erscheinungsort	Wiesbaden
Verlag	Gabler
Seite	16

Originaltext 2:
„Dieser Beitrag zielt vor allem darauf, die Dynamik von Transaktionsprozessen zu berücksichtigen. Um der Komplexität derartiger Prozesse entsprechend Rechnung zu tragen, ist das Konzept der SEV-Eigenschaften in den vorangegangenen Abschnitten daher um eine dynamische Komponente erweitert worden. Ein Gut ‚wandert' im Verlauf des Transaktionsprozesses durch das informationsökonomische Dreieck; d. h. die Position innerhalb des Dreiecks ist abhängig vom Fortschritt der Begutachtung des Gutes durch den Nachfrager. Je nach Prozessabschnitt ist von

einer veränderten relativen Verteilung der wahrgenommenen SEV-Eigenschaften auszugehen, da es sich bei einem solchen Transaktionsprozess primär um einen informationsverarbeitenden, Unsicherheit abbauenden und durch subjektive Wahrnehmung geprägten Prozess handelt."

Autor	Tobias Kollmann / Andreas Kuckertz
Titel des Fachartikels	Zur Dynamik von Such, Erfahrungs- und Vertrauenseigenschaften in komplexen Transaktionsprozessen – eine empirische Studie am Beispiel des Venture-Capital-Investitionsprozesses
Zeitschrift	Zeitschrift für Management
Jahrgang/Nr.	2009, Bd. 4, Nr. 1
Seite	53–74

Texte überarbeiten und redigieren

8.1 Warum die erste Textfassung nicht die letzte sein kann

Um von der vorläufigen Version (Rohversion) zur Endversion der Seminar-, Haus- oder Abschlussarbeit zu gelangen, ist es unumgänglich, diese mehrmals kritisch zu reflektieren und zu überarbeiten. Auf diese Weise werden systematisch noch bestehende Mängel und Fehler der Arbeit behoben. So muss die Arbeit sowohl auf formale als auch auf inhaltliche Aspekte überprüft und redigiert werden. Dieser Schritt wird erfahrungsgemäß sehr oft unterschätzt und in der Projektplanung (vgl. Kap. 1) entweder gar nicht erst berücksichtigt oder aber zu kurz angesetzt.

Es empfiehlt sich, die Textbearbeitung in mehreren Schritten vorzunehmen. So sollte sich die erste Phase der Überarbeitung insbesondere auf die Argumentation, Logik, Vollständigkeit und Verständlichkeit der Textfassung beziehen. Hierzu müssen in der Regel einzelne Sätze oder ganze Abschnitte umformuliert, gekürzt oder ergänzt werden. Nach der inhaltlichen Textüberarbeitung werden die Grammatik, die Flüssigkeit des Textes und die Zeichensetzung überprüft und der sprachliche Ausdruck verfeinert. Das laute Vorlesen des Textes hilft dabei, holperige Textpassagen und Ausdrücke aufzudecken. Als letztes muss die wissenschaftliche Arbeit den Vorgaben (beispielsweise des zuständigen Lehrstuhls) entsprechend einheitlich formatiert werden. Auch wenn dies sicherlich mit der unkreativste Teil der Erstellung einer wissenschaftlichen Arbeit ist, so ist er definitiv nicht zu unterschätzen: Betreuer wissenschaftlicher Arbeiten haben in der Regel Formatvorgaben derart verinnerlicht, dass bereits ein kurzes Durchblättern der Arbeit zeigt, ob diese eingehalten wurden oder nicht. Und da es – sprichwörtlich – niemals eine zweite Chance für einen guten ersten Eindruck gibt, kann hier durch Flüchtigkeit schnell viel vergeben werden, denn eine nachlässige formale Darstellung kann auch dazu beitragen, dass der Leser den möglicherweise ungerechtfertigten Eindruck bekommt, inhaltlich wäre ebenso achtlos verfahren worden. Die Überarbeitung des Textes muss allerdings nicht zwingend erst am Ende der gesamten Texterstellung erfolgen, sie kann auch kontinuierlich während des Schreibprozesses vorgenommen werden.

Um den Text objektiv beurteilen zu können, bietet es sich an, diesen Text aus der Perspektive eines Dritten zu betrachten, der idealerweise weder Kenntnisse noch Erfahrungen auf dem jeweiligen Themengebiet hat. Da man sich jedoch zu diesem Zeitpunkt bereits außerordentlich intensiv mit der eigenen Arbeit auseinandergesetzt hat, möglicherweise einzelne Abschnitte davon sogar bereits auswendig aufsagen könnte, ist es in der Regel schwierig, den Text objektiv und aus einer gewissen Distanz kritisch zu beurteilen. Aus diesem Grund wird empfohlen, sich vor der Textüberarbeitung die Meinung außenstehender Dritter einzuholen.

Die nachfolgenden Übungen und Techniken erleichtern die systematische Überarbeitung einer wissenschaftlichen Arbeit. Anhand dieser Übungen kann gelernt werden, die eigene Arbeit zu reflektieren und eine für die Textüberarbeitung angemessene Distanz zu ihr aufzubauen, um so zu einem optimalen Ergebnis zu gelangen.

8.2 Übungen zur Reflexion des Inhalts

Übung 80: Reflexion des Inhaltes mittels Meta-Analyse
Eine Meta-Analyse stellt eine Methode dar, mit der aus einer übergeordneten Perspektive (sogenannte Meta-Perspektive) die eigene wissenschaftliche Arbeit analysiert werden kann (Kropp und Huber 2006, S. 35 f.). Sie verhilft dazu, die angefertigte Arbeit aus einer möglichst objektiven und kritischen Sichtweise zu betrachten, um darauf aufbauend die Überarbeitung und das Redigieren des Textes vornehmen zu können.

Die Meta-Analyse umfasst einerseits grundlegende Aspekte der wissenschaftlichen Arbeit, wie das Definieren von Sachverhalten und Gegebenheiten sowie das Beschreiben und Einordnen ihrer wesentlichen Merkmale und Funktionen. Auch beinhaltet sie analytische Aspekte, wie beispielsweise das Vergleichen und Strukturieren von Inhalten oder Meinungen. Darüber hinaus werden bei der Meta-Analyse Synthese- und Bewertungsaspekte betrachtet, die zum Beispiel Schlussfolgerungen, kritische Stellungnahmen, Argumentationen und das Herstellen von Beziehungen enthalten. Als letztes wird die wissenschaftliche Arbeit im Hinblick auf praktische und empirische Aspekte begutachtet, wie zum Beispiel auf das Anwenden von Beispielen und das Interpretieren empirischer Ergebnisse (vgl. Tab. 8.1).

> **Umsetzung**
> Überprüfen Sie kritisch Ihre wissenschaftliche Arbeit im Hinblick auf die in Tab. 8.1 genannten Aspekte.

Tab. 8.1 Inhaltliche Textbearbeitung mittels Meta-Analyse

Grundlagen	Analyse	Synthese & Bewertung	Praxis & Empirie
1. Sachverhalte definieren	1. Vergleichen (beispielsweise nach inhaltlichen, zeitlichen oder örtlichen Kriterien)	1. Stellung nehmen	1. Beispiele anführen
2. Wesentliche Merkmale identifizieren	2. Strukturieren (beispielsweise in Tabellen oder Abbildungen)	2. Kritisieren	2. Empirische Ergebnisse interpretieren
3. Merkmale in einen übergeordneten Kontext einordnen	3. Gegenüberstellen (beispielsweise Meinungen)	3. Schlussfolgern	3. Entscheidungen herbeiführen
4. Weitere Arten und Formen dieser Merkmale differenzieren	4. Konsequenzen aufschlüsseln (beispielsweise in Chancen und Risiken)	4. Begründen	4. Problemfälle besprechen
5. Funktionen und Ziele dieser Merkmale beziehungsweise Unterformen präzisieren		5. Bewerten	
		6. Beziehungen herstellen	
		7. Zusammenfassen	

Übung 81: Reflexion des Inhaltes in einer Gruppe

In der Regel hat man sich in der Endphase seines wissenschaftlichen Vorhabens bereits mehrere Wochen oder gar Monate mit einem bestimmten Thema beziehungsweise mit seiner Arbeit auseinandergesetzt. In der Folge kann es durchaus schwerfallen, den eigenen Text mit einem gewissen Abstand zu reflektieren. In diesem Fall ist es sinnvoll, sich das Feedback und die Meinung von Dritten einzuholen, um den eigenen Text anschließend besser beurteilen und bearbeiten zu können. Mittels der nachfolgenden spielerischen Gruppentechniken (von Werder 1993, S. 88 f.) gelingt es leichter, Abstand zur eigenen Arbeit zu gewinnen und verfasste Inhalte kritisch zu hinterfragen sowie zu redigieren.

> **Umsetzungsvariante 1 (Reflexion nach der Gruppe 47)**
> Bilden Sie eine Arbeitsgruppe beispielsweise mit Ihren Kommilitonen. Innerhalb dieser Gruppe wird ein Studierender ausgewählt, der seine wissenschaftliche Arbeit beziehungsweise darin enthaltene Abschnitte den anderen Gruppenteilnehmern vorliest. Anschließend geben die zuhörenden Gruppenteilnehmer ihr Urteil zum Inhalt des Textes ab. Zum Schluss äußert der Studierende, der seine Arbeit zuvor vorgestellt hat, seine Meinung zu den Kommentaren der anderen Gruppenteilnehmer.

Umsetzungsvariante 2 (Kurzrezension)
Wie in Umsetzungsvariante 1 wird innerhalb der Gruppe ein Teilnehmer ausgewählt, der seine wissenschaftliche Arbeit den anderen Teilnehmern vorliest. Die Zuhörer notieren sich währenddessen wichtige Sätze und Schlüsselwörter und schreiben darauf aufbauend anschließend eine kurze Rezension zu dem vorgelesenen Text. Nachdem alle Teilnehmer einzeln ihre Rezension vorgetragen haben, darf sich der Studierende, der seinen Text vorgetragen hat, abschließend zu den Rezensionen äußern.

Umsetzungsvariante 3 (Lektorspiel)
Innerhalb der Gruppe wird ein Studierender zum Lektor ausgewählt, der von allen anderen Gruppenteilnehmern die geschriebenen Texte einsammelt und bis zur nächsten Sitzung kommentiert. Im Rahmen der nächsten Sitzung liest der Lektor seine Kommentare vor und diskutiert diese mit den anderen Gruppenteilnehmern.

Umsetzungsvariante 4 (Disputation)
In der Gruppe werden drei Studierende ausgewählt, von denen jeder jeweils eine der folgenden Rollen einnimmt: ein Richter, ein Kritiker, ein Verteidiger. Ein weiterer Studierender trägt seine wissenschaftliche Arbeit oder bestimmte Abschnitte hieraus laut vor. Anschließend bringt der Kritiker sämtliche Argumente gegen diesen Text vor, während der Verteidiger analog Argumente für den Text anführt. Zum Schluss gibt der Richter – gegebenenfalls auch unter Berücksichtigung der vorherrschenden Meinung und Reaktion des restlichen Publikums – eine abschließende Bewertung zu der wissenschaftlichen Arbeit des Studierenden ab.

Umsetzungsvariante 5 (Anwaltsmethode)
Alle Gruppenteilnehmer setzen sich zunächst einzeln und möglichst intensiv mit einer zuvor ausgewählten wissenschaftlichen Arbeit eines Teilnehmers auseinander. Anschließend wird ein Gruppenteilnehmer zum Anwalt ernannt, der den relativ fremden Text nun zu seinem eigenen machen und sich den Fragen und der Kritik der anderen Teilnehmer stellen muss – und damit quasi als Anwalt des fremden Textes auftritt.

Tab. 8.2 Checkliste zur Überprüfung des Stils einer wissenschaftlichen Arbeit

Frage	Geprüft?
Haben Sie komplizierte und lang verschachtelte Sätze vermieden?	
Sind Ihre Sätze verständlich formuliert?	
Sind Ihre Sätze auf das Wesentliche reduziert?	
Haben Sie Wiederholungen vermieden (sofern diese nicht bewusst eingesetzt werden, um beispielsweise wichtige Informationen zu betonen)?	
Können Sie Ihre Aussagen durch das Einfügen von passenden Attributen präzisieren?	
Können Sie bestimmte Sachverhalte durch Fachbegriffe (beispielsweise mit Hilfe eines Wörterbuches) klar abgrenzen, um so unnötige Umschreibungen zu vermeiden?	
Hat jeder Textabschnitt eine Kernaussage?	
Sind Ihre Sachbezüge beziehungsweise Satzlogiken nachvollziehbar?	
Ist Ihr Text sachlich formuliert, d. h. frei von Ich-Formulierungen und Emotionen?	
Haben Sie sämtliche zentralen Begriffe und Fachausdrücke bei Ihrer ersten Nennung definiert?	
Verdeutlichen Sie die Zusammenhänge zwischen über- und untergeordneten Begrifflichkeiten und verwenden Sie diese passgenau?	
Haben Sie Ihren Text auf Widersprüche geprüft?	

8.3 Übungen zur Reflexion des Stils

Übung 82: Reflexion des Stils
Selbstverständlich muss ein wissenschaftlicher Text sachlich, präzise und verständlich formuliert sein. Der Sprachstil darf nicht vom Inhalt ablenken, zumindest nicht im negativen Sinne; der Stil muss daher entsprechend neutral sein. Gleichzeitig muss sichergestellt werden, dass der Leser den Inhalt im Sinne des Autors interpretieren kann. Hierzu ist es erforderlich, dass jegliche Gedankengänge – unter Berücksichtigung der begrenzten Informationsverarbeitungskapazität des Lesers – vollständig und nachvollziehbar ausformuliert, Zusammenhänge aufgezeigt und Fachbegriffe dem Leser verständlich gemacht werden. Weiterhin ist darauf zu achten, dass der Gebrauch von Umgangssprache oder komplizierten Satzverschachtelungen sowie Grammatik-, Rechtschreib- und Zeichensetzungsfehler vermieden werden. Die in Tab. 8.2 dargestellte Checkliste liefert eine Orientierung zur Überarbeitung des Stils einer wissenschaftlichen Arbeit.

> **Umsetzungsvariante 1 (Einzelübung)**
> Lesen Sie Ihren Text konzentriert durch und überprüfen Sie ihn dabei auf die in der Checkliste (Tab. 8.2) genannten Punkte.

Umsetzungsvariante 2 (Gruppenübung)
Innerhalb einer Gruppe werden drei Studierende ausgewählt, von denen sich jeweils einer mit dem stilistischen Ausdruck, mit der Grammatik und der Rechtschreibung einer im Vorfeld ausgewählten wissenschaftlichen Arbeit eines vierten Gruppenteilnehmers auseinandersetzt. Nachdem jeder ‚Experte' seinen Teil bewertet hat, wird das Gesamtgutachten in der Gruppe vorgetragen.

Umsetzungsvariante 3 (Gruppenübung)
Geben Sie jedem Textabschnitt eine zentrale Aussage. Lesen Sie nun Ihren Mitstudierenden jeden Textabschnitt vor und lassen Sie die Zuhörer ebenfalls eine zentrale Aussage für jeden Textabschnitt formulieren. Überprüfen Sie, ob die Interpretation der Zuhörer mit Ihrer Intention übereinstimmt. Wird deutlich, welche Aussagen im Text eine zentrale Bedeutung einnehmen sollen?

Nützliche Internetressourcen zum wissenschaftlichen Arbeiten

Die folgenden Seiten versammeln etliche Links zu Ressourcen im Internet, welche das wissenschaftliche Arbeiten erleichtern können. Umfangreiche Ressourcen sind mit *** bezeichnet, weniger umfangreiche Angebote mit ** und kleinere Websites zu einzelnen Aspekten und Spezialthemen mit *.

1. Wissenschaftliches Arbeiten***
   Verfügbar unter: http://www.ipw.rwth-aachen.de/stu/download/grundkurs.pdf
   Kommentar: Grundkurs der Rheinisch-Westfälischen Technischen Hochschule Aachen. Umfangreiches Angebot mit zahlreichen Informationen zur Erstellung einer Haus- oder Diplomarbeit, Referaten und Hand-Outs. Breites Spektrum an Informationen.
2. Leitfaden für das Schreiben wissenschaftlicher Arbeiten***
   Verfügbar unter http://www.arbeitschreiben.de
   Kommentar: Sehr ausführliche Seite, die zahlreiche Informationen zum wissenschaftlichen Arbeiten bietet.
3. Wissenschaftliche Anforderungen an Diplomarbeiten und Kriterien ihrer Beurteilung**
   Verfügbar unter: http://www.haw-hamburg.de/fileadmin/user_upload/DMII/Studium/lorenzen_wissenschaftliche_anforderungen_dipl.pdf
   Kommentar: Vorstellung von sieben allgemein anerkannten Anforderungen an Diplomarbeiten, einschließlich einer Checkliste zu Bewertungskriterien.
4. Das Literaturverzeichnis in wissenschaftlichen Arbeiten*
   Verfügbar unter: http://www.bui.haw-hamburg.de/fileadmin/redaktion/diplom/Lorenzen__litverz.pdf
   Kommentar: Anleitung zur Erstellung von Literaturverzeichnissen und Regeln zur Zitation von Literaturstellen und allen sonstigen zitierbaren Quellen.
5. Zitate, Literaturbelege und Literaturverzeichnis in einer wissenschaftlichen Arbeit*
   Verfügbar unter: http://www4.uni-flensburg.de/fileadmin/ms2/inst/schulpaedagogik/files/Ankuendigungen__offizielle_Dokuemnte_des_Instituts__Thomas_/Zitate_und_Literaturverzeichnis_220812.pdf
   Kommentar: Bietet umfangreiche Erläuterungen zur Zitation fremden Gedankenguts nach den APA-Richtlinien.

6. Wissenschaftliches Schreiben***
   Verfügbar unter: http://www.studis-online.de/Studieren/Wissenschaftliche_Texte/01recherche.php
   Kommentar: Internetangebot eines privaten Projekts zur Unterstützung von Studierenden. Umfangreiche und ansprechend gestaltete Internetseite mit gut verständlichen Inhalten. Neben einer guten Struktur findet man zahlreiche Tipps zur Vorbereitung und Motivation.
7. Wissenschaftliches Arbeiten, wissenschaftliche Literatur und wissenschaftliche Grundfragen und Grundlagen**
   Verfügbar unter: http://paedpsych.jk.uni-linz.ac.at/INTERNET/ARBEITSBLAETTERORD/ArbeitsblaetterWissen.html
   Kommentar: Umfangreiches Internetangebot der Johannes-Kepler-Universität Linz zum wissenschaftlichen Arbeiten, einschließlich Hinweisen zur Präsentation und Visualisierung.
8. Ratgeber: Techniken des wissenschaftlichen Arbeitens**
   Verfügbar unter: http://tu-dresden.de/die_tu_dresden/fakultaeten/philosophische_fakultaet/is/mikro/mitarbeiter/Schlinzig/Ratgeber%20wiss%20Arbeiten
   Kommentar: Übersicht über verschiedene Techniken des wissenschaftlichen Arbeitens, einschließlich seltener behandelter Themen wie Zeitmanagement.
9. Handreichung zum Erstellen wissenschaftlicher Arbeiten**
   Verfügbar unter: https://www.htwsaar.de/sowi/Studium/b-sc-pflege/HandreichungzumErstellenwissenschaftlicherArbeiten_Version2.0htwsaar.pdf
   Kommentar: Allgemeine Einführung in die Erstellung wissenschaftlicher Arbeiten, einschließlich spezieller Themen wie die Formulierung eines Sperrvermerks.
10. Wie verfasse ich eine wissenschaftliche Arbeit?**
    Verfügbar unter: https://www.sowi.hu-berlin.de/de/studium/downloads/neues_heft_wiss_arbeiten
    Kommentar: Hinweise, Anregungen und Ratschläge für Studierende am Institut für Sozialwissenschaften der Humboldt-Universität zu Berlin.
11. Wie schreibe ich eine gute Diplomarbeit?**
    Verfügbar unter: http://www.informatik.uni-oldenburg.de/studium/azwa/wie.html
    Kommentar: Hilfreicher Leitfaden zur Erstellung wissenschaftlicher Arbeiten, einschließlich einer Einschätzung verschiedener Schreibstile.
12. Der Schreibtrainer**
    Verfügbar unter: http://www.uni-due.de/schreibwerkstatt/trainer/trainer/start.html
    Kommentar: Schreibwerkstatt der Universität Duisburg-Essen, bietet Modelle und Verfahren, die abgestimmt auf den jeweiligen Schreibanlass, Unterstützung bei der Erstellung wissenschaftlicher Arbeiten liefern.
13. Abschlussarbeiten und andere wissenschaftliche Arbeiten**
    Verfügbar unter: http://v.hdm-stuttgart.de/~riekert/theses/
    Kommentar: Materialien zu wissenschaftlichen Arbeiten, widmet sich in der Präsentation auch der oft zu wenig beachteten Rechtschreibung.

14. Leitfaden Diplomarbeit***
    Verfügbar unter: http://www.wiwi-treff.de/home/index.php?mainkatid=2&ukatid=112&sid=112&limit=
    Kommentar: Umfangreicher Leitfaden mit interessanten Beispielen zu den erläuterten Problemen. Schließt zahlreiche Tipps zur Erleichterung der Arbeit ein.
15. Writing and Presenting Your Thesis or Dissertation***
    Verfügbar unter: http://www.learnerassociates.net/dissthes/
    Kommentar: Gut strukturierter, englischsprachiger Leitfaden, der die einzelnen Schritte auf dem Weg zur fertigen Arbeit benennt und die effektivsten Arbeitsweisen der einzelnen Stufen erläutert.
16. Tutorials und Forum zum wissenschaftlichen Arbeiten***
    Verfügbar unter: http://www.fernstudi.net/
    Kommentar: Internetangebot zur Unterstützung während des Studiums, besonders während des Fernstudiums. Ansprechend gestaltete Tutorials zu den relevanten Kriterien des wissenschaftlichen Arbeitens. Neben einer Checkliste zu wissenschaftlichen Arbeiten findet man ein großes Internetforum zum Austausch von Fragen zum wissenschaftlichen Arbeiten.
17. Wissenschaftliches Arbeiten, Gliederung**
    Verfügbar unter: http://www.youtube.com/watch?v=-mg98QqhFsg&hl=de
    Kommentar: Hilfreicher Podcast, der die wichtigsten Elemente zur Erarbeitung einer Gliederung umfasst.
18. Wissenschaftliches-Arbeiten***
    Verfügbar unter: http://www.wissenschaftliches-arbeiten.org/
    Kommentar: Privates Internetangebot ehemaliger Studierender zum Thema wissenschaftliches Arbeiten. Gut verständliche Informationen, besonders zum Aufbau der Arbeit, zum korrekten Zitieren sowie zur Organisation der eigenen Arbeit. Außerdem gibt es ein kleines Forum zum Austausch bei Problemen.
19. Thesis and Dissertation Guide***
    Verfügbar unter: http://gradschool.cornell.edu/sites/gradschool.cornell.edu/files/field_file/Thesis%20and%20Dissertation%20Guide_12_20_14_final.pdf
    Kommentar: Leitfaden der Cornell Universität mit Beschreibung formaler Anforderungen, erforderlichen Elementen, Formatierungsempfehlungen sowie Vorschlägen zur zeitlichen Planung. Abschließend finden sich Checklisten zur Überprüfung der eigenen Arbeit.

Literatur

Balzert, H., Schröder, M., & Schäfer, C. (2013). *Wissenschaftliches Arbeiten* (2. Aufl.). Dortmund: W3L-Verlag.
Beinke, C., Brinkschulte, M., Bunn, L., & Thürmer, S. (2008). *Die Seminararbeit – Schreiben für den Leser.* Konstanz: UVK.
Boeglin, M. (2007). *Wissenschaftlich arbeiten Schritt für Schritt – gelassen und effektiv studieren.* München: Fink.
Bünting, K.-D., Bitterlich, A., & Pospiech, U. (1996). *Schreiben im Studium. Ein Trainingsprogramm.* Frankfurt a. M.: Cornelsen.
Burchert, H., & Sohr, S. (2008). *Praxis des wissenschaftlichen Arbeitens – Eine anwendungsorientierte Einführung.* München: Oldenbourg.
Buzan, T., & Buzan, B. (2011). *Das Mind-Map-Buch. Die beste Methode zur Steigerung Ihres geistigen Potenzials* (7. Aufl.). München: mvg Verlag.
Charbel, A. (2003). *Schnell und einfach zur Diplomarbeit.* Nürnberg: BW Bildung und Wissen.
Chevalier, B. (1999). *Effektiver lernen.* Frankfurt a. M.: Eichborn Verlag
Corsten, H., & Deppe, J. (2002). *Technik des wissenschaftlichen Arbeitens* (2. Aufl.). München: Oldenbourg.
Dahinden, U., Sturzenegger, S., & Neuroni, A. C. (2014). *Wissenschaftliches Arbeiten in der Kommunikationswissenschaft* (2. Aufl.). Bern: UTB und Haupt Verlag.
Esselborn-Krumbiegel, H. (2008). *Von der Idee zum Text – Eine Anleitung zum wissenschaftlichen Schreiben* (3. Aufl.). Paderborn: UTB-Verlag.
Frank, A., Haake, S., & Lahm, S. (2013). *Schlüsselkompetenzen: Schreiben in Studium und Beruf* (2. Aufl.). Stuttgart: Metzler.
Harzing, A.-W. (2002). Are our referencing errors undermining our scholarship and credibility? *Journal of Organizational Behaviour, 23,* 127–148.
Hofstadter, D. R. (2003). *Gödel Escher Bach – ein Endloses Geflochtenes Band* (9. Aufl.). München: Deutscher Taschenbuch Verlag.
Hungenberg, H. (2001). *Strategisches Management in Unternehmen: Ziele, Prozesse, Verfahren* (2. Aufl.). Wiesbaden: Gabler.
Karmasin, M., & Ribing, R. (2014). *Die Gestaltung wissenschaftlicher Arbeiten* (8. Aufl.). Wien: facultas.wuv.
Kollmann, T. (2003). E-Venture-Management: Unternehmensgründung und -entwicklung in der Net Economy. In T. Kollmann (Hrsg.), *E-Venture-Management – Neue Perspektiven der Unternehmensgründung in der Net Economy* (S. 3–20). Wiesbaden: Gabler.
Kollmann, T. (2014). *E-Entrepreneurship. Grundlagen der Unternehmensgründung in der Net Economy* (5. Aufl.). Wiesbaden: Springer Gabler.

Kollmann, T., & Kuckertz, A. (2010) Evaluation uncertainty of venture capitalists' investment criteria. *Journal of Business Research, 63*(7), 741–747.

Kollmann, T., & Kuckertz, A. (2015). Implikationen des Market-Based-View für das Entrepreneurial Marketing. In J. Freiling & T. Kollmann (Hrsg.), *Entrepreneurial Marketing – Besonderheiten, Aufgaben und Lösungsansätze für Gründungsunternehmen* (2. Aufl., S. 51–65). Wiesbaden: Springer Gabler.

Kollmann, T., Kuckertz, A., & Breugst, N. (2009) Organizational readiness and the adoption of electronic business – the moderating role of national culture in 29 European Countries. *The DATA BASE for Advances in Information Systems, 40*(4), 117–131.

Kropp, W., & Huber, A. (2006). *Studienarbeiten interaktiv*. Berlin: Erich Schmidt Verlag.

Kuckertz, A. (2012). Evidence-based Management – Mittel zur Überbrückung der Kluft von akademischer Strenge und praktischer Relevanz? *Zeitschrift für betriebswirtschaftliche Forschung, 64*, 679–703.

Kuckertz, A. (2015). *Management: Entrepreneurial Marketing*. Wiesbaden: Springer Gabler.

Mucha, R. (1975). *Ablaufplan einer Studienarbeit*. Neheim-Hüsten.: Lernmittel-Edition.

Paetzel, U. (2001). *Wissenschaftliches Arbeiten. Überblick über Arbeitstechnik und Studienmethodik*. Berlin: Cornelsen Scriptor.

Plümper, T. (2008). *Effizient Schreiben. Leitfaden zum Verfassen von Qualifizierungsarbeiten und wissenschaftlichen Texten*. München: Oldenbourg.

Pyerin, B. (2001). *Kreatives wissenschaftliches Schreiben – Tipps und Tricks gegen Schreibblockaden*. Weinheim: Juventa.

Rohrbach, B. (1969). Kreativ nach Regeln – Methode 635, eine neue Technik zum Lösen von Problemen. *Absatzwirtschaft, 12*(19), 73–76.

Rost, F. (2008). *Lern- und Arbeitstechniken für das Studium*. Wiesbaden: VS Verlag für Sozialwissenschaften.

Scheuermann, U. (2013). *Schreibdenken. Schreiben als Denk- und Lernwerkzeug nutzen und vermitteln* (2. Aufl.). Opladen: Budrich.

Schmitz, W. (2010). *Schnelles Lesen – besser verstehen* (5. Aufl.). Reinbek bei Hamburg: Rowohlt-Taschenbuch-Verlag.

Schubert-Henning, S. (2007). *Toolbox – Lernkompetenz für erfolgreiches Studieren*. Bielefeld: UVW.

Stickel-Wolf, C., & Wolf, J. (2013). *Wissenschaftliches Arbeiten und Lerntechniken* (7. Aufl.). Wiesbaden: Springer Gabler.

Theisen, M. (2000). *Wissenschaftliches Arbeiten*. München: Vahlen.

Verband der Hochschullehrer für Betriebswirtschaft. (2015). VHB-JOURQUAL 3. www.vhbonline.org. Zugegriffen: 22. Aug. 2015.

Voss, R. (2014). *Wissenschaftliches Arbeiten ... leicht verständlich!* (3. Aufl.). Konstanz: UKV Verlagsgesellschaft.

Werder, L. von (1998). *Kreatives Schreiben von Diplom- und Doktorarbeiten*. Berlin: Schibri.

Winter, W. (2005). *Wissenschaftliche Arbeiten schreiben*. Frankfurt a. M.: Uebereuter.

Sachverzeichnis

A

Abschnitt, 63
ABTZ-Formel, 65
ALPEN-Methode, 4
Anwaltsmethode, 90
Arbeitstagebuch, 2
Argumentation, 74, 76, 77
Argumentationskette, 77
Assoziogramm, 73
Ausdruck, 67

B

Betreuer, 67
Bezugsrahmen, theoretischer, 68
Bibliographie, 31
Brainstorming, 33

C

Clustering, 72, 78, 80

D

Definition, 70
Dialektik-Formel, 79
Disputation, 90

E

Endversion, 87
Exposé, 3, 77
Exzerpieren, 46, 51, 52

F

Fazit, 65
Formatvorgaben, 87
Frage, 58, 70
Free-Writing Siehe Freies Schreiben, 49
Freies Schreiben, 49, 71
   Assoziogramm, 73
   Clustering, 72
   Kernaussagen, 73
   Zwei-Spalten-Methode, 72
Fünfsatz-Methode, 78
   Dialektik-Formel, 79
   Problemlösungsformel, 79
   Standpunktformel, 78
   Vergleichsformel, 80

G

Gliederung, 39, 58, 59, 62
Google Scholar, 30, 31, 35

H

Hofstadtersches Gesetz, 1
Hypothese, 76, 80

I

Indirektes Zitieren, 83
Informationsflut, 31, 41
Internetquellen, 37, 38
ISI Web of Knowledge, 35

K
Kapitelaufbau, 63
Kernaussage, 73
Kurzrezension, 90

L
Lektorspiel, 90
Lesegeschwindigkeit, 42, 43, 44
    mit dem Finger lesen, 42
Lesen, 41
    aktives, 45, 46
    diagonales, 43
    mit dem Finger, 42
    selektives, 44
    Slalomtechnik, 44
Leser, 67
Lesestrategie, 42, 44
Leseverständnis, 42
Literatur
    Bewertung, 36
        Kategorien, 35
    Gesamtschau, 53
Literature Review, 31
Literaturrecherche, 27, 30, 31, 32, 33, 39
    Rückwärtsrecherche, 34
    Strategie, 30, 31
    Vorwärtsrecherche, 35
Literaturüberblick, 31
Literaturverzeichnis, kommentiertes, 32

M
Meta-Analyse, 88
Methode der begründeten Auswahl, 69
MEZ-Methode, 46
Mind-Mapping, 47, 59, 60, 69, 71, 78, 80

N
Netzwerk-Technik, 52

P
Paraphrasieren, 83
Peer-Review-Verfahren, 28
PQ4R-Methode, 51
Problemlösungsformel, 79
Projekt, 1

Projektmanagement, 1
Projektplan, 3, 87
Pro- und Contra-Dialog, 76
Publikationsform, 27, 28

Q
Qualität, 68

R
Ranking, 29
Redigieren, 3
Rohfassung, 68, 70
Rohversion, 87
Rückwärtsliteraturrecherche, 34

S
Schlagwort, 33
Schreiben, 67
SQR3-Methode, 50
Standpunktformel, 78
Stil, 67, 68, 91
Strukturierung Siehe Gliederung, 57
Synopse, 70
Synthese, 70

T
TABZ-Formel, 65
Textüberarbeitung, 87
Theoretischer Bezugsrahmen, 68
Thesaurus, 33
These, 49

V
Vergleichsformel, 80
Vorwärtsliteraturrecherche, 35

W
Waage-Modell, 76
Web of Science, 35
Wissenschaftssystem, 41
Wissensgenerierung, 28
Wissenstransfer, 28
Wörtliches Zitieren, 83

Z

Zeitplan, 2, 3
Zeitschrift
  wissenschaftliche, 28
Zielbestimmung, 58
Zielgruppe, 67
Zitieren
  indirektes, 83
  wörtliches, 83
Zwei-Spalten-Methode, 72

The manufacturer's authorised representative in the EU is Springer Nature Customer Service Centre GmbH, Europaplatz 3, 69115 Heidelberg, Germany. If you have any concerns regarding our products, please contact ProductSafety@springernature.com

Printed and bound by CPI Group (UK) Ltd, Croydon, CR0 4YY

23/03/2026

02076461-0010